Anna Maria De Santi
Grazia Geiger

Presentazione di Walter Ricciardi

100
domande
sul Coaching
in sanità

SEEd

© SEE*d* srl
Via Magenta 35 - 10128 Torino, Italia
Tel. +39.011.566.02.58
www.seedmedicalpublishers.com – info@seedmedicalpublishers.com

Prima edizione
Maggio 2018
Tutti i diritti riservati

Immagine in copertina: © Boule13 | Dreamstime.com

Si ringrazia l'editore Piccin per l'autorizzazione a pubblicare un estratto dal volume:
Giovanna Giuffredi. "L'onda del coaching" (2016)

ISBN 978-88-97419-11-2

ai nostri fratelli

BRUCO, CRISALIDE O FARFALLA?

Possiamo sentirci bruchi in un contesto e farfalle variopinte in un altro.
Pensando ad un ambito specifico che vuoi sviluppare, in quale stadio sei ora
nella tua vita?

1. Un bruco sulla foglia di gelso.
    Stai lavorando sulla tua formazione? Stai acquisendo conoscenze
    e competenze? Senti che devi ancora approfondire e saperne di più?

2. Una crisalide nel bozzolo.
    Senti e riconosci le tue potenzialità? Vorresti agire ma non ti senti pronto?
    Vivi uno stato di insoddisfazione? Invidi chi ci è riuscito?

3. Una farfalla fuori dal bozzolo, pronta per volare.
    Senti che è il momento per spiccare il volo? Sei consapevole del valore delle
    tue risorse? Hai idee e progetti, pronti da sviluppare? Ti elettrizza l'idea di
    raggiungere la meta? Cosa serve per andare oltre?

Giovanna Giuffredi
L'onda del coaching

Sommario

Presentazione

Se la cura è anche relazione, il Coaching in sanità non può che rappresentare uno strumento essenziale per facilitare tutto il percorso che va dalla presa in carico del paziente all'esito delle terapie.

Con il metodo del Coaching è possibile migliorare in molti ambiti la capacità di approccio con i pazienti, motivare il personale e renderlo più capace di costruire sinergie al proprio interno, oltre a realizzare strategie in cui l'efficacia comunicativa renda più rapida e più semplice l'organizzazione del lavoro.

Questo è anche il valore del Coaching in sanità: agire in maniera trasversale sull'andamento della cura e fare in modo che ognuna delle sue azioni risulti coordinata, coerente e, perciò, più incisiva.

Si tratta di favorire la formazione di una competenza trasversale, utile a creare consapevolezza sia negli operatori sia nei pazienti, includendo nei fattori su cui agire l'orientamento dei processi emotivi e cognitivi che, nell'applicazione delle cure, oltre a orientarne il valore, rappresentano spesso una variabile difficilmente governabile.

Il Coaching nasce anche per fornire competenza verso se stessi, capacità di autoanalisi e supporto per migliorare le performance, elementi chiave per ristabilire lo sguardo sulla propria capacità di agire e di partecipare attivamente ai processi di cambiamento. Ma ciò che del Coaching è particolarmente interessante è l'abilità di costruire relazioni forti, in grado di creare vere e proprie "squadre" in campo, utili, per esempio, per il perseguimento di obiettivi di benessere.

La tutela della salute, oggi più che mai, ha bisogno della condivisione di obiettivi sia all'interno di un team professionale, dove tutto deve essere ottimizzato, efficiente ed efficace, sia nella relazione di cura, necessariamente rappresentata dalla fiducia tra medico e paziente. La qualità di questo rapporto, infatti, significa adesione alle terapie e attuazione di comportamenti responsabili nei confronti della collettività.

Orientare, guidare, motivare per poi "fare squadra" sono prerogative di un buon rapporto di Coaching, un compito trasversale a tutte le azioni sanitarie, che può rappresentare un solido binario su cui far viaggiare in sanità relazioni capaci di costruire una rete solida e in grado di sostenere e promuovere azioni di salute.

Il Coaching ha tra i suoi fondamenti l'analisi del linguaggio, di cui si serve, quale strumento principe, per analizzare e permettere la gestione delle dinamiche interpersonali, poiché rappresenta anche l'aspetto più importante di ogni relazione umana.

Senza un'adeguata formazione è, infatti, difficile che una squadra funzioni, poiché non è una semplice somma di elementi a determinare un esito. Il risultato di un lavoro complesso, soprattutto in sanità (si pensi al vissuto di sofferenza del paziente o al burn-out di alcune categorie di operatori), viene costruito anche dalla gestione corretta e positiva della dinamica delle emozioni che sono entrate in gioco, oltre che dalla storia individuale di chi concorre al processo di cura.

Il Coaching, quando funziona, costituisce anche un importante cambiamento che permette un passaggio dalla cura al "prendersi cura", e ciò avviene attraverso la scoperta delle proprie potenzialità fino ad allora inesplorate.

Si tratta sicuramente di uno strumento moderno che può rappresentare una chiave per rendere più agevoli alcune evoluzioni che hanno bisogno di coesione intorno a un obiettivo. Una per tutti la promozione della salute che, attraverso il Coaching, è intesa non solo come educazione agli stili di vita corretti, ma come atteggiamento interiore che scaturisce dalla maturazione della consapevolezza del valore globale che la salute esprime.

Walter Ricciardi
Presidente dell'Istituto Superiore di Sanità

Prefazione

Anche se nell'ultimo ventennio l'aspettativa di vita nel nostro Paese è tra le più alte del mondo, stiamo assistendo a un maggior incremento di malattie croniche dovute a forme di alimentazione scorretta, sedentarietà, uso giornaliero di tabacco e uso nocivo di alcol [World Health Organization, 2015]. Sono in aumento anche i disturbi mentali, come ad esempio la depressione, malattia che può essere evitata e curata.

In un'ottica di prevenzione sia primaria sia secondaria, si rende necessario dotare tutti gli operatori che lavorano nell'ambito della salute (personale medico e paramedico) di strumenti utili a guidare le persone affinché adottino stili di vita più salutari e, in caso di malattia, "partecipino in modo attivo al percorso di cura", fornendo loro nuovi modelli di sostegno e supporto, tipici del Coaching.

Tali strumenti – che si stanno dimostrando efficaci anche nel campo della promozione e della cura della salute, compreso l'ambito delle cure palliative – permettono di intervenire sugli stili di vita per guidare le persone ad autogestire la propria salute modificando le abitudini disfunzionali e facendo affidamento su razionalità, consapevolezza o motivazione.

Le nuove esigenze di informazione e comunicazione rendono in Coaching particolarmente adatto all'applicazione anche in contesti diversi da quelli tradizionalmente percorsi fino ad oggi, che hanno coinvolto le varie aree del mondo aziendale, dello sport e del management.

Nell'ambito delle abilità relazionali, le "Coaching skills" possono essere affiancate alle competenze scientifiche del mondo clinico dove i medici stessi, i paramedici e gli utenti/pazienti (qui detti anche clienti o Coachee) si confrontano e comunicano con linguaggi appropriati.

Questo testo, rivolto a tutte le figure professionali appartenenti a organizzazioni complesse come quelle sanitarie, offre stimoli utili a far sviluppare le risorse individuali per trasformare gli obiettivi in risultati, sia in termini personali sia professionali. In particolare è dedicato agli operatori che intendono utilizzare le competenze e le tecniche del Coaching per arricchire e potenziare le loro prestazioni, attraverso uno strumento che migliori la qualità della vita degli utenti/pazienti.

Intende approfondire le capacità specifiche dell'operatore che lavora in ambito sanitario e allo stesso tempo incrementare le sue abilità relazionali al fine di gestire in modo consapevole e responsabile il benessere dei propri assistiti.

Nel rapporto di scambio – tipico del Coaching – si mettono in atto strumenti e talenti, con lo scopo di ottenere cambiamenti comportamentali, cognitivi ed emotivi utili al raggiungimento degli obiettivi dell'utente/paziente.

L'intento del volume consiste nella **presentazione delle modalità e tecniche del Coaching in generale (prima parte) e nell'applicazione delle stesse nell'ambito**

della sanità (seconda parte). Inoltre prevede l'approfondimento delle abilità comunicative utili ad affrontare e gestire in modo più efficace le indicazioni per mantenere o correggere corretti stili di vita, e **affrontare eventi specifici di salute**, come diagnosi difficili che comportano importanti e impegnativi percorsi di salute **(terza parte).**

L'operatore che utilizzerà gli strumenti del Coaching in ambito sanitario avrà la possibilità di analizzare competenze e capacità relazionali per poter ottimizzare scambi positivi e costruttivi con gli utenti/pazienti vivendo il suo ruolo con un maggiore grado di soddisfazione personale e professionale.

Il Coaching è infatti in grado di ridurre l'ansia legata alle problematiche che l'operatore incontra nello svolgimento della propria professione e all'eventuale disagio nel fornire risposte non sempre appropriate alle esigenze del cliente/paziente, che possono innescare un vortice di insoddisfazione e di incomprensione reciproca.

Il Coaching, qui inteso come un grande "alleato" nell'ambito dello sviluppo della più nota "comunicazione efficace", aiuta a migliorare l'assistenza, a rivalutare l'importanza del "prendersi cura" della persona nella sua interezza rispetto al limitarsi a diagnosticare e somministrare una terapia, ottimizzando le relazioni nell'ambito sociosanitario al fine di creare un circolo virtuoso e socialmente contagioso.

Nel Coaching in sanità le abilità comunicative e di relazione vengono considerare come strumenti operativi che il personale sociosanitario può utilizzare per rendere il proprio lavoro più efficace ed efficiente. Questo permette di avere pazienti non solo soddisfatti ma anche più disponibili a seguire le indicazioni terapeutiche.

I. Stato dell'arte e tecniche del Coaching

*Vivere non è abbastanza, disse la farfalla,
uno deve avere il sole, la libertà, e un piccolo fiore.*
Hans Christian Andersen

Che cosa è il Coaching?

Coaching è un termine inglese che è entrato, o sta entrando, anche nella nostra lingua soprattutto grazie al suo significato metaforico, difficilmente traducibile in italiano.

In senso letterale il termine inglese "coach" si riferisce a un mezzo di trasporto che consente a una o più persone di viaggiare da un punto a un altro. Può trattarsi, a seconda delle epoche, di una carrozza o di un autobus.

Metaforicamente il significato può essere traslato in un percorso di un veicolo che parte da un luogo e arriva a destinazione, con obiettivi, bagagli, mezzi specifici prefissati, preparati allo scopo.

Inoltre, nello sport, il Coach è l'allenatore, colui che si occupa in modo competente e da vicino degli atleti, per allenarli in termini comportamentali e sportivi. In effetti è proprio nello sport che il Coaching ha trovato le prime applicazioni e solo più tardi, dato il successo ottenuto, si è diffuso nella vita aziendale e nell'ambito del Life Coaching (inteso come miglioramento della propria qualità di vita).

Il Coaching consiste in un processo di sviluppo di capacità, risorse e competenze di una persona (Coachee), o di un piccolo gruppo di individui (team), guidato da una figura qualificata (Coach), attraverso l'individuazione degli ambiti di potenziale crescita e la definizione di un programma finalizzato al raggiungimento di obiettivi personali o professionali.

Il Coaching si attiene a una base filosofica che segue un preciso codice etico e deontologico, considerando la libertà e il rispetto dell'altro come linee guida preliminari ed essenziali per il lavoro stesso.

Qual è l'obiettivo del Coaching?

Il Coaching ha come obiettivo lo sviluppo dell'individuo, il suo miglioramento, per permettere di raggiungere, attraverso una modalità specifica, performance eccellenti. Tale modalità si basa su aspetti della psicologia positiva e della più antica filosofia greca.

Quali sono le origini del Coaching?

Il Coaching in Europa è di giovane impiego: viene infatti utilizzato e se ne parla solo da una ventina di anni.

Prima che negli altri Paesi, è negli USA che il Coaching ha iniziato a essere applicato, inizialmente nello sport e successivamente anche in ambito aziendale, allo scopo di far emergere dal cliente stesso capacità e abilità a volte nemmeno sospettate. È infatti dalla persona stessa, dal cliente, che emergono le risposte alle sollecitazioni del Coach.

Le origini profonde del Coaching sono però da ricercare nella filosofia antica: la sua metodologia di base rimanda infatti al monito classico "Conosci te stesso", sottolineando la necessità che l'individuo possa approfondire gli ambiti di sviluppo personale a partire dall'autoconoscenza di sé.

Chi è il Coach?

Si definisce "Coach" un consulente esperto che assiste, accompagna e supporta il suo cliente (chiamato "Coachee") e lo guida in un percorso di crescita individuale e specifica, per risolvere le problematiche che incontra, aiutandolo a incrementare la sua abilità nel raggiungere obiettivi e alti livelli di performance.

Il compito del Coach è fornire metodi e strumenti agli individui che lo desiderano per sviluppare progetti e potenzialità al fine di aumentare la loro motivazione verso il raggiungimento di uno scopo desiderato.

Il Coach affianca l'individuo, stimolandolo a trovare le proprie risposte per raggiungere mete stabilite. Dunque, non è un insegnante, e nemmeno uno psicologo, come si potrebbe pensare, o un consulente: è invece un professionista che, avendo una formazione specifica (v. domanda 44) e usando una metodologia rigorosa di lavoro, ha come obiettivo principale quello di sostenere e accompagnare l'individuo con cui ha stretto un patto, che definiremo "contratto", verso il raggiungimento del risultato prefissato.

Il Coach mette al centro del suo lavoro la conoscenza dei valori di base del cliente, che lo guidano abitualmente nella sua vita di tutti i giorni, per aiutarlo nel cambiamento e nella ristrutturazione degli aspetti cognitivi, emotivi e comportamentali. Solo attraverso la consapevolezza degli aspetti che lo guidano, il cliente produrrà pattern innovativi verso i suoi desiderati orizzonti.

Per i percorsi di formazione professionale dedicati al Coaching si rimanda alla domanda 44. Per la normativa di riferimento si rimanda alla domanda 46.

Che cosa fa il Coach?

Il Coach si muove lungo una complessità di azioni: svolge il suo ruolo con una modalità precisa e ha il compito di sostenere e incoraggiare il cliente riguardo al cambiamento desiderato, orientandolo, incoraggiandolo a muoversi per raggiungere specifici risultati, obiettivi congruenti alle sue reali possibilità, comprendendo appieno le necessità e favorendo l'uso di strumenti adeguati, ossia adatti, come se si trattasse di confezionare un abito su misura. La promozione del cambiamento avviene quindi in un percorso che parte inizialmente dallo sviluppo della consapevolezza del cliente e giunge fino all'attivazione delle sue stesse risorse. In questo percorso il Coach usa strumenti tipici del proprio ruolo, come le "domande potenti" (v. domanda 37), l'ascolto attivo (v. domanda 36), il rapporto di fiducia, l'individuazione di percorsi sfidanti, allo scopo di mobilitare le risorse e i talenti del cliente per raggiungere il successo desiderato.

Robert Dilts, uno dei maggiori esperti nel campo della comunicazione efficace (v. domanda 24) e del Coaching, nel suo libro intitolato "Il potere delle parole e della PNL" afferma che «oltre alle esperienze percepite dai sensi, gli esseri umani hanno anche una rete interna di conoscenze e di informazioni costituita da esperienze originate internamente, come i "pensieri", le "convinzioni", i "valori" e il "senso del sé"» [Dilts, 2004].

Pertanto il Coach utilizza il colloquio con il cliente e le cosiddette "domande potenti", oltre a strumenti propri della comunicazione efficace e della programmazione neurolinguistica, per stimolare il cliente verso un percorso di consapevolezza, accompagnandolo in un processo utile per il raggiungimento dei propri obiettivi.

Per il Coach il linguaggio è uno strumento fondamentale per ottenere risultati adeguati e stimolare effetti emotivi.

Chi è il Coachee (cliente/paziente) e cosa deve valutare in un rapporto di Coaching?

Il Coachee è colui che condivide una relazione di partnership con il Coach e che si dispone a chiedere e a ricevere una guida attraverso una relazione di scambio paritaria.

Il Coachee o cliente ha come scopo quello di risolvere, modificare, cambiare una situazione, sciogliere un conflitto, determinare nuovi orizzonti, elaborare strategie innovative, individuare soluzioni ancora non esplorate.

È una persona che desidera raggiungere risultati e aumentare il livello delle proprie prestazioni, elevare la performance lavorativa o la soddisfazione nella sua vita privata.

Il cliente può essere anche rappresentato da un piccolo gruppo di persone (in questo caso si parla di Team Coaching) che condividono la finalità di collaborare insieme in un clima favorevole e costruttivo per il raggiungimento di un obiettivo comune.

In ambito sociosanitario il Coachee o paziente è colui che viene aiutato dal Coach a trovare in sé le soluzioni ai propri problemi di salute, prendendo coscienza di se stesso e della situazione da affrontare.

In generale, è colui che viene aiutato a conoscersi meglio, a esplorare le proprie esperienze, comportamenti, emozioni, al fine di avere ben chiaro il quadro delle scelte, dei possibili cambiamenti personali e delle competenze da acquisire [Rogers, 2015].

Il Cliente dovrà sempre valutare l'esperienza del Coach, la sua formazione, la sua specializzazione, le competenze specifiche e il metodo utilizzato (conduzione delle sessioni, frequenza, tempi, compensi, ecc.).

Quando un individuo si può definire cliente?

Il Coachee definisce il suo ruolo di cliente quando ha raggiunto l'accordo con il Coach, sotto forma di relazione soddisfacente, basata sulla disponibilità al cambiamento, sull'assunzione di responsabilità e sull'accettazione di un programma di lavoro orientato a raggiungere gli obiettivi prefissati, dedicando tempo ed energia per attuare i nuovi pattern desiderati.

È fondamentale mettere in chiaro e stabilire fin dall'inizio anche gli accordi economici dell'intervento di Coaching, in relazione sia agli obiettivi individuati sia alla durata.

Quale tipo di rapporto lega il Coach al Coachee?

Il rapporto di Coaching si costruisce tra il cliente (Coachee), che necessita di raggiungere il proprio obiettivo, e il Coach, che non è necessariamente un esperto della specifica materia o del contenuto da trattare, ma piuttosto della metodologia che aiuta a raggiungere gli obiettivi prefissati.

Si tratta di una relazione paritaria in cui è presente un profondo senso etico. Il rapporto di Coaching non va confuso con un rapporto di tipo psicologico o terapeutico. Il Coach si relaziona col cliente come un partner e non come un esperto in grado di soddisfare tutte le richieste. Coach e cliente scelgono insieme l'ambito e i risultati da ottenere. Rispetto al cliente il Coach si pone come una figura che segue, accompagna e mai dirige. La sua funzione è solo di stimolo in modo da permettere sempre al cliente stesso di scegliere e decidere in autonomia.

La relazione di Coaching si basa prima di tutto sulla cosiddetta "chimica" dei rapporti interpersonali, ossia sull'empatia che fin dal primo momento è necessaria come elemento di avvio del processo di Coaching. Stabilito questo contatto, indispensabile per iniziare il rapporto, si procede con strumenti che sono in parte codificati (e in effetti si può parlare di "metodologia del Coaching") [Dilts, 2003b] e in parte scaturiscono invece dall'esperienza professionale del singolo individuo: pertanto il Coach utilizza strategie che derivano sia dalla preparazione professionale sia da caratteristiche di "simpatia" reciproca, intesa come condivisione di sentimenti.

Da una parte troviamo quindi il cliente con la "sua" richiesta di Coaching, dall'altra il Coach che metterà in campo la propria formazione e competenza per procedere nel modo più adatto nel percorso richiesto per il raggiungimento dell'obiettivo, che consisterà sempre nell'eccellenza della performance da raggiungere.

Qual è la modalità di approccio tra il Coach e il Coachee?

La modalità di approccio in un rapporto di Coaching consiste nell'accoglienza del Coachee da parte del Coach, che manifesterà consapevolezza e rispetto verso il mondo del cliente, le sue credenze, convinzioni, stile di vita e abitudini consolidate, senza alcuna forma di imposizione.

Il Coach si astiene dal manifestare il suo pensiero o dal fornire un giudizio, per aprirsi invece alla possibilità di scoprire ciò che il cliente porta come valore della sua unicità.

10

Quanto dura un percorso di Coaching?

La durata del percorso di Coaching dipende dalle esigenze della persona o del team che ha richiesto la prestazione.

Per alcuni tipi di Coaching specifico e mirato, potrebbero essere sufficienti alcuni mesi di lavoro, mentre per altri percorsi di Coaching sono necessari tempi più lunghi.

I fattori che influiscono sulla durata del processo comprendono il tipo di obiettivi che si vogliono realizzare, il tipo di lavoro che si intende perseguire, la frequenza delle sessioni e le risorse finanziarie disponibili per sostenere il rapporto fino al raggiungimento dell'obiettivo finale [ICF, 2015].

Quali sono i punti essenziali di un programma di Coaching?

- Individuare quale sia la situazione attuale del cliente e verso quali nuovi orizzonti intenda muoversi
- Studiare lo stile di comportamento del cliente e le sue convinzioni limitanti da modificare
- Mettere in atto l'ascolto attivo (v. domanda 36), al fine di permettere l'identificazione – senza false interpretazioni – delle necessità del cliente
- Seguire un programma che rispetti le esigenze del cliente e le valorizzi
- Utilizzare modalità di interazione e strumenti che più si adattano alla formazione, alla cultura, agli atteggiamenti e alla personalità del cliente
- Sospendere il giudizio per non penalizzare gli insuccessi passati e i possibili limiti attuali
- Trasmettere leggerezza e buon umore, entrambe competenze necessarie per procedere in maniera positiva nel percorso di cambiamento, che permettono al cliente di sperimentare il piacere e la consapevolezza del lavoro condiviso
- Educare all'uso dell'intelligenza emotiva (v. domanda 23) per una migliore conoscenza delle emozioni da esplorare e usare a proprio beneficio
- Analizzare con il cliente sentimenti di resistenza, sfiducia ed eventuale scoraggiamento riguardo a situazioni conflittuali e a convinzioni limitanti

Quanto costa un intervento di Coaching?

Avviare un processo di Coaching e portarlo a termine richiede impegno in termini di tempo, di energie e di denaro.

Il compenso riguardo un percorso di Coaching varia in base alla specialità e al livello di formazione ed esperienza del Coach. Dato che il rapporto di Coaching implica un intenso investimento di energie e risorse a vari livelli, è necessario mettere bene in chiaro questi punti all'inizio di ogni rapporto e prima che gli accordi si concludano.

Come si legge nel Codice di Condotta dell'International Coach Federation – ICF (sezione italiana), il Coach si impegna a onorare «una relazione coach/cliente equilibrata, a prescindere dalla forma di remunerazione» [ICF, 2015].

Quali sono le fasi
fondamentali del Coaching?

Le fasi fondamentali del Coaching sono 4 [Fielden, 2005; Seganfreddo, 2011]:
1. stabilire il contratto con gli obiettivi da raggiungere, sia di breve sia di lungo termine;
2. analizzare la realtà per testare la situazione, stabilendo il piano di azione che contiene gli obiettivi da raggiungere e il numero degli incontri previsti tra Coach e Coachee;
3. eseguire il processo, esplorando le strategie e individuando gli ostacoli;
4. valutare le performance, le metodologie acquisite e gli effetti ottenuti.

Quali sono le responsabilità del Coach?

- Stabilire un contratto professionale schietto e chiaro in ogni dettaglio riguardo a tempi e modalità degli incontri
- Creare un rapporto di fiducia
- Esplorare la fattibilità delle richieste di cambiamento
- Intraprendere un percorso di obiettivi a breve e lungo termine
- Usare strumenti professionali adatti all'obiettivo da raggiungere
- Trasmettere condizioni di flessibilità riguardo al percorso
- Adattarsi alle capacità del cliente
- Usare elementi di comunicazione efficace (v. domanda 24) e di intelligenza emotiva (v. domanda 23).

Qual è il processo alla base del Coaching?

Il processo alla base del Coaching riguarda soprattutto il percorso che compiranno i due attori principali: Coach e cliente. Queste due figure risultano quindi impegnate in un viaggio ricco di tappe intermedie da raggiungere, al fine di ottenere un obiettivo "maggiore" che riguarda la meta prefissata e stabilita come momento conclusivo del lavoro.

Questo processo avrà effetti anche a lungo termine, grazie al fatto che il cliente, nel tempo, avrà acquisito una nuova modalità, consapevolezza e capacità di problem solving riguardo alle varie complessità private e professionali che man mano gli si presenteranno.

Che tipo di comunicazione si usa nel Coaching?

Il Coaching adotta il metodo "socratico" o "maieutico", ovvero il metodo elaborato nella filosofia classica da Socrate.

Il termine "maieutico" deriva dal greco "maieutiké", che significa "arte della levatrice o dell'ostetrica", e la sua applicazione alla filosofia deriva proprio, secondo lo stesso Socrate, dal confronto con il mestiere della madre, che era, appunto, una levatrice. Aiutare "a tirare fuori, a partorire, a far nascere", questa è la metafora di base del Coaching: l'essere umano che nasce nuovamente.

Il processo di Coaching usa un approccio pragmatico, focalizzato sugli aspetti pratici legati all'obiettivo da raggiungere.

Il successo del percorso è fortemente dipendente dal modo in cui interagiscono Coach e Coachee. È infatti fondamentale, nel contesto del dialogo, il modo in cui si ascolta, si pongono le domande e si offre il feedback.

Che cosa significa "vicinanza" al cliente nel Coaching?

Significa mettersi nei panni del cliente, metaforicamente nelle sue scarpe, ovvero saper creare un rapporto empatico, sperimentando le stesse emozioni. In pratica si tratta di trasmettere un interesse vero, assimilando e registrando tutto quello che viene detto. È necessario ascoltare attivamente le parole, leggendo i gesti, cogliendo i pensieri, le emozioni e le idee.

Che cosa significa porre domande che stimolano l'introspezione?

Significa porre domande aperte, con la possibilità di fornire risposte multiple, che consentano una comunicazione attiva che permetta un maggiore approfondimento degli obiettivi da raggiungere con la possibilità per il Coachee di trovare nuove risposte dentro di sé.

La tecnica del Coaching favorisce il riconoscimento e l'uso dei talenti, ossia delle risorse spesso sconosciute già possedute dal Coachee in modo inconsapevole.

Tramite le domande/stimolo e il rispetto dei tempi legati all'accoglienza, all'ascolto, alla sospensione del giudizio, all'astensione dalla critica, si favorisce nel Coachee la consapevolezza di poter raggiungere gli obiettivi desiderati.

Che cosa significa fornire un feedback?

Significa rispondere con un "ritorno della comunicazione" in modo positivo e non valutativo. Il feedback è un elemento base dell'ascolto attivo (v. domanda 36) e rappresenta una delle competenze essenziali nel repertorio del Coach.

L'analisi positiva del modo in cui il cliente persegue il suo piano di azione, elogiandolo per i risultati raggiunti e celebrandone i successi, consente al Coach di favorirne la consapevolezza e la motivazione.

È fondamentale che il feedback sia concreto e specifico; non ha senso fornire un giudizio generico e non approfondito quando il cliente ha la necessità di ricevere risposte alternative alle sue richieste. Inoltre deve essere obiettivo e congruente con il contesto e la situazione osservata.

Il feedback non ha solo lo scopo di evidenziare gli aspetti da migliorare e da correggere, ma serve anche per attirare l'attenzione del cliente sulle conseguenze di certi comportamenti e azioni che risulterebbero dannose o inefficaci per lui.

Il rapporto di fiducia tra Coach e cliente si avvale anche di momenti in cui il Coach suggerisce al cliente come fornire egli stesso un feedback.

I passaggi che permettono di fornire un feedback costruttivo sono rappresentati da:

- ciò che va bene;
- ciò che va migliorato;
- ciò che è negativo.

La fiducia stabilita tra le parti consente al Coach di esprimere commenti o di evidenziare aspetti inefficaci senza aver timore di offendere il cliente: in presenza di questa modalità di rapporto il feedback si può definire efficace.

Sono da evitare il giudizio gratuito o la critica negativa offerta a titolo personale, che andrebbero a inficiare la relazione tra Coach e cliente.

Quali sono le competenze necessarie per stabilire una ottimale relazione di Coaching?

L'International Coach Federation (ICF) ha elaborato una lista di competenze chiave che devono essere considerate alla base di una ottimale relazione di Coaching, garantendo un intervento corretto e adeguato del Coach [ICF, 2018]. Le riportiamo di seguito con alcune integrazioni suggerite dalla nostra esperienza:

1. conoscere e adottare le linee guida etiche e adattarle agli standard professionali, applicandole a tutte le situazioni;
2. stabilire il contratto, l'accordo di Coaching, concordando con il cliente i termini del processo di Coaching e della relazione;
3. stabilire fiducia e vicinanza con il cliente, creando un ambiente di supporto e dimostrando un interesse sincero verso il benessere del cliente;
4. presenza nel Coaching: essere consapevoli di creare una relazione spontanea con il cliente con uno stile aperto, flessibile e fiducioso;
5. ascoltare attivamente: comprendere il significato di ciò che il cliente sta dicendo riassumendo, parafrasando, elaborando le sue idee e i suoi suggerimenti, chiarendo la situazione senza dare giudizi (v. domanda 36);
6. fare uso di domande potenti: porre domande che aiutano a far riflettere e creano una maggiore chiarezza nel cliente (v. domanda 37);
7. utilizzare le tecniche della comunicazione efficace (v. domanda 24) e della programmazione neurolinguistica, utilizzando un linguaggio appropriato, rispettoso ed efficace che permetta di avere un impatto positivo con il cliente (adottare il Modeling, cioè indicare esempi da imitare, statistiche da considerare e modelli da seguire, piuttosto che rendere la situazione più negativa di come si presenta);
8. creare consapevolezza: aiutare il cliente a valutare le diverse fonti di informazione e a interpretarle al fine di raggiungere consapevolmente i risultati prefissati;
9. progettare azioni: aiutare il cliente a creare nuove opportunità per apprendere e intraprendere nuove azioni che possano portarlo efficacemente al raggiungimento dei risultati prefissati stimolando talenti e risorse («Ce la puoi fare»);
10. pianificare e stabilire obiettivi: consolidare le informazioni raccolte e stabilire un piano di Coaching al fine di raggiungere traguardi di apprendimento e di crescita, aiutando ad accedere a risorse e definendo i successi man mano che vengono raggiunti;
11. gestire i progressi e le responsabilità, supportando lo sviluppo del processo di Coaching, organizzando le informazioni ottenute nelle diverse sessioni e promuovendo nel cliente la capacità di prendere decisioni per il proprio benessere.

Quali sono le competenze comunicative del Coach?

Sono le capacità che il Coach mette in atto per indirizzare il cliente verso una maggiore consapevolezza.

Le principali competenze comunicative del Coach, oltre all'ascolto attivo, consistono nella capacità di porre domande aperte che conducono il cliente verso risultati positivi e nell'abilità di tradurre i concetti da negativi in positivi, distinguendo i desideri irrealizzabili da quelli realizzabili, ampliando i punti di vista del cliente al fine di aiutarlo a chiarire come egli desidera concretamente raggiungere le mete prefissate.

Che cosa sono le cosiddette "competenze di pianificazione"?

Le competenze di pianificazione sono le capacità che il Coach deve possedere e utilizzare per creare, in collaborazione con il cliente, un piano per il raggiungimento di risultati specifici, misurabili e realizzabili in tempi precisi.

Che cosa sono le Coaching skills?

Sono le abilità utilizzate nell'ambito della relazione di Coaching al fine di migliorare nel cliente la performance per lo svolgimento delle sue attività e il raggiungimento dei propri obiettivi.

Le Coaching skills si basano su alcune particolari competenze come l'ascolto attivo (v. domanda 36) e l'intelligenza emotiva (capacità di riconoscere, comprendere e gestire in modo consapevole le proprie emozioni e quelle degli altri) allo scopo di:

- comprendere, senza fraintendere;
- creare fiducia reciproca e alleanza;
- riconoscere i valori guida e le motivazioni delle persone;
- individuare i bisogni inespressi degli interlocutori per costruire una negoziazione positiva;
- sostenere nel processo di consapevolezza di sé riguardo alle conseguenze delle proprie azioni;
- sviluppare team in cui le persone siano soddisfatte e motivate a collaborare dando il massimo in termini di impegno;
- sostenere le persone a migliorare se stesse e la loro performance.

I Coach professionisti non sono gli unici ad avvalersi delle Coaching skills, che vengono utilizzate anche in ambiti professionali laddove il successo dipende fortemente dall'efficacia di una buona interazione interpersonale.

Che cosa si intende per "comunicazione efficace" nel Coaching?

È una comunicazione positiva, adeguata, corretta, sostenibile, utile e generatrice di benessere per il cliente, costituita da molti elementi sia verbali sia non verbali.

Nel Coaching è molto importante instaurare un rapporto di fiducia, auspicabilmente già fin dal primo contatto, quando si pongono le basi della relazione fondata sul rispetto reciproco personale e professionale. Questo si attua principalmente attraverso l'accoglienza e l'ascolto che sottende un interesse vero, a sostegno della positività di pensieri e azioni. L'efficacia nella comunicazione è data dalla modalità positiva, atta a costruire una relazione forte, adeguata alla situazione, che instaura un flusso energetico favorevole, il cosiddetto "rapport" (rapporto spontaneo di intesa e fiducia) gestito e promosso dal Coach.

In questa relazione basata sulla comunicazione efficace è fondamentale anche il feedback positivo che il Coach restituisce al cliente, ponendo le basi per un rapporto umano generoso e "potente".

I principi fondamentali del Coaching nell'ambito della comunicazione consistono principalmente in:

- ascoltare attivamente per "empatizzare" con ciò che viene detto dal cliente;
- creare un piano di lavoro per raggiungere gli obiettivi;
- porre domande aperte e potenti che stimolino l'introspezione;
- fornire un feedback positivo allo scopo di costruire la fiducia nella relazione.

Quali sono i limiti e le critiche al Coaching?

I limiti del Coaching possono riguardare la (scarsa) competenza del Coach, la mancanza di professionalità, l'improvvisazione e la mancata individuazione dell'ambito di pertinenza.

La critica maggiore concerne l'uso indiscriminato del termine, che viene richiamato in maniera generalizzata (e impropria) se il Coach, o colui che si definisce tale, non usa la metodologia propria del Coaching e non si avvale di una adeguata preparazione professionale.

Il Coaching oggi si identifica sempre di più in un inquadramento deontologico, ed è riconosciuto grazie soprattutto alla diffusione della sua pratica e alla nascita di federazioni e associazioni presenti a livello internazionale e nazionale (v. domanda 44).

Quali sono gli ambiti di applicazione del Coaching in ambito aziendale?

Sono molteplici gli ambiti di applicazione del Coaching nelle aziende, sia pubbliche sia private, per la formazione professionale e l'aggiornamento. Per alcuni di essi, sono state coniate definizioni specifiche [Ibba, 2008; Seganfreddo, 2011], anche a seguito della loro sempre maggiore diffusione:

- Executive Coaching. È dedicato ai manager aziendali e ha lo scopo di risolvere questioni che prevedono la gestione di conflitti e cambiamenti di ruolo; si lavora sugli aspetti legati alla comunicazione efficace (v. domanda 24) e alla comprensione delle dinamiche presenti nelle relazioni complesse;
- Business Coaching. È rivolto a imprenditori, liberi professionisti e uomini d'affari che desiderano affrontare un cambiamento interno, un passaggio generazionale, rinforzare la propria leadership. In questo tipo di Coaching saranno sostenuti da un percorso specifico focalizzato sulla fase di mutamento che riguarda sia l'ambito lavorativo sia quello relazionale, che li aiuterà a potenziare le proprie abilità di pianificazione;
- Career Coaching. Si tratta di un intervento di Coaching specifico riguardante la ricerca di un lavoro o l'avanzamento di carriera. Si applica anche all'orientamento scolastico e professionale.

Quando in un'azienda viene coinvolto un gruppo di persone, e non un singolo, si può parlare anche di Team Coaching (v. domanda 27).

Che cosa è il Team Coaching?

Il Team Coaching è un percorso che coinvolge un gruppo di persone e si avvale delle modalità proprie del Coaching con un singolo cliente: la sessione però non si svolge come d'abitudine in un rapporto One-to-One, ma in presenza di un gruppo. Di solito questa modalità di supporto riguarda team che devono raggiungere obiettivi comuni in presenza di difficoltà di relazione, oppure coinvolge manager o altri individui che, pur provenendo da aree lavorative differenti nella stessa azienda, hanno necessità di amalgamarsi meglio, creando momenti di integrazione reciproca [Sabatino, 2014].

Nel Team Coaching, emergono in modo peculiare le differenze individuali che – rispetto a un progetto comune – possono generare la forza del cambiamento tramite l'unione del lavoro condiviso, apportando significativi miglioramenti in termini di:

- riconoscimento del proprio ruolo;
- brain storming;
- riunioni efficaci;
- capacità di sviluppare aspetti di intelligenza emotiva;
- gestione del tempo;
- problem solving;
- rispetto delle esigenze di ogni partecipante al gruppo.

I comportamenti individuali, i giochi di ruolo, le interazioni e le dinamiche del team rappresentano un valore aggiunto per il Coach nel processo di cambiamento che deve sostenere e gli permetteranno di guidare e incoraggiare il gruppo verso l'obiettivo finale dell'intervento.

Il Team Coaching è particolarmente utilizzato nell'ambito della sanità, dove si lavora spesso in équipe.

Che cosa si intende per Life Coaching?

Si parla di Life Coaching quando un cliente richiede un sostegno per questioni legate alla vita privata e agli aspetti personali, per orientarsi nelle decisioni e nelle azioni che desidera intraprendere in un tempo determinato o per risolvere conflitti relazionali. Non riguarda fattori legati ad aspetti strettamente psicologici.

Il cliente si rivolge al Coach perché desidera un cambiamento, è alla ricerca di sfide, nuovi obiettivi e necessita di un sostegno nel percorso. Può essere richiesto dal cliente per migliorarsi in un'area specifica o, più semplicemente e in generale, migliorare la propria qualità di vita.

Il Coach, in questo caso, si impegna nell'aiutare a individuare le mete a breve e a lungo termine. Il cliente, da parte sua, esplora modalità per conoscersi meglio, riconoscendo punti di forza e punti da sviluppare e avvalendosi di risorse personali già riconosciute e non completamente utilizzate per raggiungere i risultati desiderati.

I benefici finali saranno tangibili dal punto di vista dell'equilibrio tra vita personale, affari e vita lavorativa (se in atto) ed efficacia in ogni aspetto della vita.

Per quanto riguarda il Life Coaching, Robert Dilts afferma nel suo testo "From Coach to Awakener": «Negli ultimi anni, la nozione di Coaching ha avuto una maggiore generalizzazione, e ha esteso il suo significato. Personal Coaching, Executive Coaching e Life Coaching diventano supporti a un numero crescente di aree: comportamenti, capacità, credenze, valori, identità, spiritualità. Queste nuove forme omni-comprensive di Coaching, come Executive Coaching e Life Coaching, possono riferirsi al Coaching "con la C maiuscola"» [Dilts, 2003a].

Che cosa significa Self Coaching?

Significa conoscere, acquisire, padroneggiare gli strumenti del Coaching da applicare su se stessi, utilizzando strategie anche semplici, di autoanalisi, per migliorarsi, in un continuo processo di cambiamento.

Con il Self Coaching si tende al miglioramento di sé, vale a dire si attiva un processo di auto-aiuto per sostenersi, come se si trattasse del proprio cliente, sempre puntando all'eccellenza. Pretendendo il meglio da se stessi si possono riconoscere i talenti dentro di sé, fissare obiettivi a breve e a lungo termine, imparare a essere efficaci durante le situazioni di pericolo, stress, malattia o anche di cambiamenti positivi.

Si effettua anche autosomministrandosi domande semplici, al fine di comprendere che da uno stato presente di insoddisfazione si può arrivare a un livello di completo benessere.

Quali sono gli strumenti che possono essere usati nel Self Coaching?

Uno degli strumenti utili nel Self Coaching consiste nel redigere un diario che consenta di automonitorarsi, riconoscendo le proprie e altrui emozioni, gli obiettivi a breve e a lungo termine, le priorità riguardo alle attività, i valori personali e i principi guida, al fine di essere in grado – se necessario – di cambiare direzione e operare scelte migliori per raggiungere l'eccellenza, rispettando energie, tempi e attività quotidiane.

Che cosa è il Coaching strategico?

È un tipo di Coaching che affianca manager e leader aziendali per migliorare la loro performance o le soft skills (comunicazione, leadership, problem solving, team building, miglioramento della capacità di delega, ecc.) e per definire meglio la vision, la mission, i valori e gli obiettivi strategici. Si parla di Coaching strategico anche per gestire e risolvere conflitti e negoziazioni complesse, per trasformare un gruppo in una squadra collaborativa, per supportare direttori e manager nella loro crescita [Milanese, 2007].

Che cosa è il Face-to-Face Coaching?

È una modalità di relazione che il Coach crea con il Coachee in un rapporto One-to-One detto anche Face-to-Face (o in presenza). Per questo tipo di Coaching le sessioni si svolgono dedicando un'attenzione particolare alla comunicazione verbale e non verbale. Ogni aspetto della comunicazione (posizione del corpo, uso delle parole, ecc.) viene valorizzato dal Coach riconoscendo nel cliente la sua unicità espressiva, allo scopo di stabilire una relazione positiva e creare un rapporto di fiducia, aumentando la consapevolezza e l'empatia, in modo tale da consolidare maggiormente la relazione.

La comunicazione non verbale a volte può essere un modo di comunicare più diretto rispetto alla comunicazione verbale e solo un'attività di Coaching Face-to-Face può far cogliere gli aspetti specifici di un rapporto [Fielden, 2005; Seganfreddo, 2011].

Che cosa sono il Coaching telefonico e l'online Coaching?

Esiste un tipo di Coaching cosiddetto "a distanza", che prevede il ricorso a sessioni telefoniche, ad esempio via Skype o tramite videoconferenza, al fine di ottimizzare i tempi e superare i limiti geografici. In tale modo la scelta del Coach può prescindere dalla distanza.

Gli appuntamenti telefonici per questo tipo di Coaching sono una pratica diffusa e condivisa. Coach e cliente avranno cura di stabilire comunque il contratto iniziale, accordandosi su modalità, obiettivi, costi e tempi del percorso. In particolare si dovrà tenere conto della eventuale differenza di fuso orario, per definire il tempo delle sessioni a favore del Coachee.

Quali sono gli strumenti impiegati nel Coaching?

Come base, ogni Coach necessita di una preparazione professionale specifica e forti doti comunicative, in quanto le tecniche e i metodi utilizzati si fondano sul dialogo e sul colloquio. Risulta inoltre indispensabile un'adeguata conoscenza del comportamento umano.

Gli strumenti del Coaching consistono principalmente in modelli e tecniche che fanno riferimento all'intelligenza emotiva e alla programmazione neurolinguistica (PNL) e a tutte quelle modalità che facilitano la relazione efficace nella comunicazione.

Il Coach usa strumenti di tipo pratico come l'ascolto, l'intuito, i feedback (v. domanda 19), le domande efficaci (cosiddette "potenti", v. domanda 37) al fine di far riconoscere al cliente i suoi obiettivi precisi e lavorare insieme su aspetti che sviluppino consapevolezza attraverso un processo di autoscoperta e di valorizzazione delle proprie risorse.

Nel Coaching si parte dal presupposto che il Coachee possegga già al suo interno tutte le risposte e che, se adeguatamente stimolato, sappia riconoscerle, passando da una condizione di inconsapevolezza a una piena consapevolezza di sé.

Il Coach ha nel suo repertorio professionale competenze specifiche che gli consentono di aiutare a far sviluppare al cliente abilità di comunicazione, decisionali e di problem solving.

La competenza di base del Coach è rappresentata dall'ascolto attivo (v. domanda 36) che permette, attraverso la totale attenzione riguardo al cliente, di cogliere informazioni, dettagli ed elementi che sono essenziali nella relazione di Coaching.

Fondamentale per il Coach è l'uso responsabile della propria capacità professionale, che si avvale dei seguenti strumenti:

- accoglienza: vengono usate modalità di "rapport" (v. domanda 24), comunicazione verbale e non verbale per creare fiducia;
- ascolto: si presta attenzione all'altro, mostrando un interesse reale verso i suoi problemi;
- capacità di fare domande: si formulano domande utili a creare consapevolezza nel cliente.

Che cosa significa "accoglienza" nel Coaching?

L'accoglienza rappresenta uno degli strumenti più potenti nel Coaching: "accogliere" significa attivare comportamenti positivi e una modalità efficace di ascolto per favorire una relazione che generi fiducia attraverso la "presenza", permettendo al rapporto di raggiungere una sua unicità, creando l'interesse "totale" verso la persona.

Come afferma Robert Dilts, autore del libro "Il manuale del coach": «Tu esisti, io ti vedo, tu hai valore, tu sei importante, speciale, unico, tu contribuisci in modo importante, tu sei il benvenuto, tu appartieni a questo luogo» [Dilts, 2003b].

Che cosa significa "ascolto attivo" nel Coaching?

"Ascolto attivo" vuol dire trasmettere un sincero e reale interesse per quello che l'altro dice, essere in grado di restare in silenzio cercando di non interrompere la conversazione al fine di far mantenere al cliente il focus sull'obiettivo prefissato.

Il Coach è in grado di concentrarsi totalmente su ciò che il cliente comunica direttamente o indirettamente, di comprendere con precisione il significato di quanto viene detto, nel contesto dei suoi desideri. Il Coach sa ripetere e usa frasi pronunciate dal cliente a dimostrazione dell'ascolto attuato, rinforzando in tal modo i significati espressi e dando valore al colloquio.

Quali sono le "domande potenti" nel Coaching?

Nel Coaching si definiscono "potenti" le domande che portano alla superficie le informazioni necessarie per ottenere i massimi benefici nella relazione di Coaching, permettono di riflettere sull'ascolto attivo e la comprensione della prospettiva del cliente, stimolano la scoperta dell'introspezione, dell'impegno e dell'azione, orientano verso ciò che veramente desidera il Coachee senza guardarsi indietro o crearsi giustificazioni.

Sono domande aperte che favoriscono una riflessione e uno sbocco verso nuove possibilità.

Si riportano a titolo di esempio alcune domande potenti utilizzate in un rapporto di Coaching:

- «E se fossi tu al posto mio, come diresti con una parola tutto questo?»
- «In quale caso pensi sia il caso di agire in questo modo?»
- «Se tu fotografassi la situazione ora, che colori useresti?»
- «Per cambiare la situazione, che cosa pensi sia necessario?»
- «Se fossi un bosco (albero o fiore) come racconteresti questo episodio?»
- «Se tu fossi proiettato in quel contesto, che cosa faresti?»
- «Pensando alla situazione in cui sei coinvolto, come ti comporteresti?»

Perché si formulano
le "domande potenti" nel Coaching?

Saper formulare in modo corretto le domande "potenti" costituisce una delle competenze di base del Coach che sa promuovere nel cliente la capacità di fare emergere le "sue" risposte, evidenziando le abilità, i talenti e le risorse che, viceversa, rimarrebbero nascoste o ignorate.

A differenza di un approccio direttivo, orientato a "che cosa dire", "che cosa fare", "come" e "quando", il Coaching, nella sua filosofia legata alla metafora della rinascita, si propone una modalità differente di intervento: attraverso le domande potenti mobilita aspetti energetici che generano nuove e inaspettate risposte da parte del cliente.

Che cosa non deve assolutamente
fare il Coach?

Il Coach non deve assolutamente interpretare e dare giudizi, perché questo impedirebbe al Coachee di acquisire la capacità di raggiungere i suoi obiettivi in autonomia, o promuovere iniziative che andrebbero a contrastare progetti diversi.

Un altro errore in cui può incorrere un Coach non esperto è quello di suggerire che cosa fare: la metodologia del Coaching presuppone invece lo sviluppo della consapevolezza e la scelta libera e individuale da parte del cliente.

Quali aspetti occorre considerare per elaborare le strategie del Coaching?

Le strategie del Coach considerano:
- gli aspetti cognitivi (Che cosa pensa il cliente?). Il Coach si impegna, quale parte attiva nella relazione, a rispettare e a sospendere il suo giudizio, mostrando nuovi modi di pensare al fine di favorire una maggiore apertura mentale che consenta di prendere decisioni con più consapevolezza;
- i comportamenti (Come agisce il cliente?). Il Coach si attiva per il soddisfacimento delle necessità del cliente attraverso un comportamento congruo col suo ruolo professionale responsabile e proattivo;
- le emozioni (Che cosa prova il cliente? Quale tipo di emozioni sperimenta?). Il Coach è consapevole delle sue stesse emozioni e le utilizza a sostegno del cliente. Mostra empatia e riconosce le emozioni e gli stati d'animo del cliente, utilizzando consapevolmente i suoi vissuti per il processo di cambiamento da mettere in atto.

Particolare attenzione viene dedicata alla scelta del linguaggio da utilizzare, che deve sempre essere positivo, per favorire la consapevolezza. Vanno quindi evitate frasi negative o generalizzanti come:
- «Sei sempre pessimista»
- «Tutte le persone fanno sempre così»
- «A tutti i malati come te succede questo»
- «Questa medicina farà effetto solo se non continui a comportarti in questo modo...»
- «Non ce la farai mai»

Quali sono gli elementi chiave in una relazione di Coaching?

Innanzitutto è fondamentale la cosiddetta "chimica" interpersonale che si stabilisce fin dall'inizio del rapporto. Seguono quindi la serietà di intenti, l'obiettivo condiviso, il rispetto per l'altro, la sospensione del giudizio e la disponibilità alla relazione di aiuto. Il percorso a tappe, gli obiettivi che verranno di volta in volta stabiliti, il mantenimento della motivazione e l'osservazione della situazione da un punto di vista diverso incoraggeranno il cliente verso la meta pianificata nel primo incontro.

Quando il cliente decide di intraprendere un percorso di Coaching, le motivazioni riguardano spesso aspetti personali che possono essere molto diversi e che vanno sostenuti durante tutto il processo. Il punto di partenza riguarda l'analisi del desiderio di cambiamento e di miglioramento della situazione attualmente insoddisfacente per il cliente. L'esplorazione da parte del Coach della spinta iniziale, dei comportamentali abituali, del mondo del cliente e dei suoi valori costituiscono le basi per il raggiungimento della meta prefissata.

Gli elementi chiave in una relazione di Coaching possono essere così riassunti:

- la stipula dell'accordo di Coaching, dove vengono concordati i termini del processo e della relazione;
- la fiducia e vicinanza con il cliente, che implicano la capacità di creare un ambiente di supporto che genera rispetto reciproco;
- la presenza, ovvero la consapevolezza di stabilire una relazione aperta con il cliente;
- l'ascolto attivo (v. domanda 36);
- le domande potenti (v. domanda 37);
- la creazione della consapevolezza;
- la pianificazione degli obiettivi e nella gestione dei progressi e delle responsabilità [Giuffredi, 2016].

Come viene favorito il benessere psicofisico del cliente durante il colloquio?

Durante il colloquio il Coach favorisce il benessere psicofisico del cliente tramite:
- gli strumenti dell'intelligenza emotiva, ossia la consapevolezza delle proprie e altrui emozioni (v. domanda 23); nella relazione col cliente le emozioni sono importanti nei due sensi, sia per il Coach sia per il Coachee. L'indifferenza, ad esempio, blocca e interrompe la relazione;
- lo storytelling, ossia la disciplina che usa i principi della retorica e della narrazione;
- l'immaginazione guidata: «Immagina che tu sia ora nella situazione di potermi dire tutto quello che è importante per te... Immagina di essere qui fra due anni a parlarmi, che cosa mi diresti?... Come ti vedi?»;
- il pensiero divergente, cioè far vedere, mostrare un modo diverso di vedere le cose : «Hai mai pensato che...?»;
- il gioco e la creatività: quando è possibile, è importante far sorridere, ironizzare;
- le metafore, il racconto di storie che rappresentino una determinata situazione: «Immagina che tu sia un bambino che...»;
- la "chiusura dei cerchi", cioè fare un bilancio del lavoro valorizzando gli aspetti positivi: «Siamo arrivati a questo punto... Come trarre le conclusioni?»;
- la celebrazione dei successi: «Bravo, ce l'hai fatta!».

Qual è la metodologia utilizzata nel Coaching?

La metodologia nel Coaching (secondo la definizione dell'International Coach Federation – ICF) prevede che «il cliente sia prima di tutto rispettato, dal punto di vista personale e professionale e venga considerato in grado di gestire efficacemente la propria vita e il proprio ambito lavorativo. Ogni cliente viene visto come una persona creativa e piena di risorse» [ICF, 2015].

Il Coaching si basa su un approccio che lo distingue da tutti gli altri metodi perché:

- usa strumenti di comunicazione efficace (v. domanda 24) che si stabiliscono attraverso la partnership col cliente;
- fa decidere al cliente l'obiettivo da perseguire, prefissando mete di processo che costituiscono i diversi step del percorso;
- il Coach accoglie, elogia, valorizza le qualità e il talento del cliente, accordandogli fiducia e lavorando per favorire la scoperta delle sue opportunità personali e professionali.

Esiste una formazione specifica del Coach?

Attualmente anche in Italia esiste un vasto panorama di scuole che offrono seri percorsi di formazione nell'ambito del Coaching. Si tratta di scuole accreditate e riconosciute dalla ICF Global (International Coach Federation https://www.coachfederation.org) o di associazioni nate successivamente che, anche se non accreditate, forniscono comunque un percorso che prepara i partecipanti a sostenere gli esami richiesti.

Oggi la ICF prevede tre livelli di credenziali riconosciuti a livello internazionale:

* the Associate Certified Coach (ACC);
* the Professional Certified Coach (PCC);
* the Master Certified Coach (MCC).

La certificazione del Coach rappresenta una garanzia per l'utente, che può verificare il grado di preparazione del professionista scelto.

Nel nostro Paese è attiva l'associazione ICF Italia (https://www.icf-italia.org), che costituisce il Chapter italiano dell'International Coach Federation, nata allo scopo di condividere e garantire elevati standard di professionalità ed etica.

In generale, il Coach non sempre possiede una formazione di tipo psicologico o psicoterapeutico, anche se in alcuni corsi di laurea in psicologia sono stati inseriti esami con programmi riguardanti elementi di Coaching.

Qual è attualmente lo stato dell'arte del Coaching?

In ambito internazionale il Coaching è una professione già consolidata con applicazioni positive e risultati dimostrabili. Da diversi decenni e attraverso la fondazione teorica di un modello di intervento e di verifica scientifica della sua efficacia, il Coaching ha raggiunto una grande importanza negli USA espandendosi in seguito in molti altri Paesi. Questo fenomeno investe vari settori: dalle associazioni alle diverse tipologie di aziende e organizzazioni, alle scuole e alle università e attualmente è presente anche nelle strutture sociosanitarie. In Europa allo stesso modo sta acquistando una fisionomia definita, soprattutto in Francia e in Inghilterra dove viene dedicato molto spazio e presentato all'opinione pubblica – attraverso programmi televisivi e articoli pubblicati su riviste specializzate – come un valido metodo di intervento e formazione.

Secondo un'analisi effettuata dalla ICF Italia, il Coaching si sta sempre più affermando anche nel nostro Paese.

Esiste una normativa di riferimento che regola la tecnica del Coaching?

Nel 2013 è stata promulgata la Legge 14 gennaio 2013 n. 4, recante "Disposizioni in materia di professioni non organizzate", che comprende anche il Coaching professionale. Tale normativa regola le professioni non organizzate in ordini e collegi. Alcune associazioni rilasciano l'attestato di qualità e di qualificazione professionale dei servizi prestati dai soci, così come previsto da questa legge: l'elenco completo, che comprende anche associazioni che si occupano di Coaching, è reperibile e aggiornato sul sito del Ministero dello Sviluppo Economico.

Nello stesso anno inoltre è stato istituito un tavolo tecnico UNI (Ente Italiano di Normazione), impegnato nella stesura di un documento specialistico, con il compito di definire le caratteristiche generali e lo scenario del Coaching che ha dato vita alla norma UNI 11601.

Tale norma, ufficialmente approvata nel 2015, orienta e guida i fornitori di servizi e favorisce la scelta informata e consapevole da parte degli utilizzatori dei servizi di Coaching (individui, gruppi, organizzazioni profit e non-profit). Questa norma però non definisce le competenze dei Coach professionisti.

Quali sono i maggiori ostacoli
per il Coach?

Per il Coach, i maggiori ostacoli per una corretta pratica del processo di Coaching sono principalmente dovuti alla sua inadeguata formazione e motivazione.

Un altro importante ostacolo è rappresentato dalla mancanza di una mentalità "aperta" al confronto e alla condivisione delle idee, prerequisito che nel Coaching dovrebbe essere scontato.

Quali sono i maggiori ostacoli
per il Coachee?

Per il Coachee i maggiori ostacoli sono rappresentati dalla resistenza al cambiamento, dalle potenzialità talvolta inespresse o represse, dalla paura del fallimento, dal giudizio e dalla difficoltà a mettersi in discussione.

Durante il processo di Coaching, il Coach deve mettere al corrente il cliente, in ogni occasione, circa i possibili limiti a suo carico, in modo da renderlo consapevole che il percorso potrebbe presentare aspetti complessi. Sarebbe un errore strategico alleggerire le responsabilità a carico del Coachee. Uno dei compiti del Coach consiste nell'evidenziare questi aspetti limitanti allo scopo di permettere al cliente di proiettarsi nella costruzione di una autentica autorealizzazione.

Quali sono le differenze tra il Coaching e le terapie di tipo psicologico?

Il Coaching differisce dalle terapie di tipo psicologico perché è finalizzato al raggiungimento degli obiettivi posti dal cliente, attraverso l'attività pratica e l'azione. Il Coach è un allenatore di potenzialità che si allea con il suo cliente sfruttando la creatività e la scoperta del suo potenziale. Il Coach pone il suo cliente di fronte a se stesso, che si ri-scopre e infine si ri-conosce.

Nello specifico la relazione è legata da una partnership, un'alleanza che progetta e genera piani d'azione concreti e che si fonda su tutte quelle azioni che possono migliorare la qualità di vita della persona attraverso l'utilizzo delle potenzialità personali. Al cliente vengono offerti servizi, regolati da un "contratto" non giuridico fondato su precisi obblighi.

Il Coach non fa diagnosi, anzi aiuta i suoi clienti che necessitano di cure di tipo psicologico a rivolgersi a professionisti competenti per i trattamenti specifici.

Il Coaching è una relazione paritetica, nel senso che, a differenza della psicologia, in questo ambito sia il Coach sia il Coachee sono sullo stesso piano, in quanto la relazione non è caratterizzata dall'asimmetria che si riscontra in tutte le relazioni di aiuto.

Che cosa distingue il Coaching dalla consulenza?

Il Coaching si differenzia dalle diverse forme di consulenza perché il Coach non possiede competenze specifiche riguardo al contesto di intervento.

La consulenza si instaura tra un esperto che detiene il potere della conoscenza e un utente che si trova in una condizione di bisogno. Il Coach invece sostiene il cliente nel percorso, lo accompagna e lo rinforza, cercando l'itinerario da seguire insieme a lui.

Che cosa distingue il Coaching dalla psicoterapia?

Il Coaching si distingue dalla psicoterapia perché in genere non si rivolge a persone con disturbi psicologici, per i quali è necessario invece l'intervento di uno specialista specifico. Il cliente, nel Coaching, è una persona autonoma, che non presenta sintomi di disturbi psicologici e desidera raggiungere un livello più elevato di performance. Se un cliente presentasse richieste di natura psicologica, dovrebbe valutare se orientarsi verso un trattamento di psicoterapia prima di iniziare un percorso di Coaching.

In alcuni casi selezionati, il Coaching può essere usato simultaneamente, anche in presenza di un altro professionista, ad esempio in contemporanea con uno psicoterapeuta.

Coach e psicoterapeuta differiscono anche per il percorso di formazione che li caratterizza: per esercitare la professione di psicoterapeuta è necessario acquisire la laurea magistrale in psicologia o in medicina e la specializzazione come psicoterapeuta (della durata di almeno 4 anni oltre la laurea), mentre nell'ambito del Coaching esistono scuole di formazione che richiedono una formazione specifica per accreditarsi.

Forti rimangono comunque i punti di interesse comune, a partire da alcune delle tecniche di base utilizzate. Ed è anche vero che, negli ultimi anni, un numero sempre maggiore di psicologi e/o psicoterapeuti segue corsi di Coaching in qualità di allievo, allo scopo di arricchirsi professionalmente, apprezzando le potenzialità del metodo, innovativo e originale.

Quali sono le caratteristiche che distinguono gli interventi di psicoterapia da quelli di Coaching?

Il Coach aiuta nel percorso da seguire, accompagna e sostiene, mentre lo psicoterapeuta indica la strada da percorrere, prescrivendo la modalità. Approccio e strumenti di base possono essere simili, mentre l'erogazione dell'intervento e gli obiettivi sono diversi, dato che, nel Coaching, il cliente è colui che sceglie il percorso, sostenuto dal Coach. Lo psicoterapeuta "cura" situazioni patologiche e aiuta la persona a raggiungere una condizione di benessere, risolvendo problemi di origine esistenziale (come fobie, ansie, traumi, lutti, separazioni) o psicopatologie (come attacchi di panico, depressione, disturbi del comportamento). Non utilizza farmaci benché sia prevista a volte una combinazione con la psicofarmacologia da parte di un medico specializzato nel campo.

Ci sono differenze tra Coach e Counselor?

Attualmente in Italia il Counseling, così come in parte il Coaching, non è una professione regolamentata e non esiste un percorso formativo obbligatorio. L'attività di Counseling non prevede l'utilizzo di tecniche o metodologie proprie dello psicologo e dello psicoterapeuta. Come il Coaching, si occupa di persone sostanzialmente sane, ma a differenza di questo, al Counselor si rivolgono persone con disagi o difficoltà con le quali si instaura un rapporto per la risoluzione di uno specifico problema presente.

Al Coach, invece, si rivolgono, in genere, persone che vogliono migliorare determinati aspetti della propria vita privata o professionale che creano loro disagio, al fine di trovare, attraverso una relazione paritaria e un intervento di accompagnamento, le risorse necessarie in un tempo stabilito.

Come si misura il risultato ottenuto nel Coaching?

I risultati ottenuti nel Coaching sono misurabili in quanto stabiliti in partenza come punti di arrivo del percorso, in base agli obiettivi condivisi, desiderati e decisi dal cliente.

I risultati sono sempre in relazione alle richieste del Coachee, alle sensazioni da lui provate e al cambiamento comportamentale raggiunto grazie al nuovo grado di consapevolezza acquisito.

Come si dimostra l'efficacia di un intervento di Coaching?

L'efficacia di un intervento di Coaching si fonda sulla comunicazione e sull'impegno assunto nel raggiungere gli obiettivi concordati ed è determinata da una forte alleanza tra Coach e cliente, dalla sintonia tra la volontà del Coachee di costruire il futuro che lui desidera e dalla volontà del Coach di essere al suo fianco per portare a termine gli obiettivi concordati.

L'efficacia si può misurare quando vengono raggiunte le mete prefissate ovvero quando il cliente stesso agisce praticamente, traducendo i pensieri in azioni concrete.

Come viene promosso il cambiamento a livello cognitivo?

Il Coach promuove il cambiamento in ambito cognitivo attraverso un modo nuovo e vincente di pensare. Formula ipotesi mediante un nuovo percorso di progettazione, individuando diverse soluzioni possibili e superando le convinzioni limitanti. Offre inoltre la possibilità di imparare a usare il pensiero divergente, insegnando le tecniche dell'immaginazione e visualizzazione al fine di ottenere un punto di vista alternativo, ad esempio utilizzando una serie di affermazioni come le seguenti:

- «Oggi, che cosa potresti fare di diverso rispetto a quello che hai sempre fatto?»
- «Se dici che non sei capace di intravedere un cambiamento, sarà così... Quindi, che cosa potresti pensare di diverso?»
- «Se tu fossi al posto mio, oppure se tu ti guardassi da fuori, da spettatore, come ti vedresti?»
- «Se fai quello che hai sempre fatto, otterrai le cose che hai sempre ottenuto! Che cosa puoi modificare del tuo comportamento attuale?»

Come viene promosso il cambiamento a livello comportamentale?

Il Coach sviluppa capacità che modificano le azioni grazie a un diverso modo di pensare e progettare, così da individuare nuovi obiettivi ed efficaci alternative di comportamento. Propone "percorsi di sfida" facendo emergere nuove risorse e offre sostegno per percorrere strade alternative, modificando i vecchi programmi riferiti ad abitudini comportamentali consolidate nel tempo.

Il cambiamento può essere rappresentato dall'obiettivo raggiunto grazie a una più adeguata consapevolezza acquisita.

II. L'applicazione del Coaching in sanità

Ciò che conta non è fare molto ma mettere amore in ciò che si fa.
Madre Teresa di Calcutta

Il Coaching può essere applicato in ambito sanitario?

Il Coaching può essere applicato efficacemente in sanità considerando tre diversi ambiti:

- la relazione con l'utente/paziente;
- la formazione degli operatori professionali;
- le competenze organizzative dei dirigenti.

In particolare è utile ricorrere al Coaching in sanità con le seguenti finalità:

- accogliere e ascoltare il paziente / Coachee al fine di aiutarlo e sostenerlo, facendogli mobilitare le proprie energie per intraprendere azioni che gli permettano di raggiungere la massima consapevolezza sul suo stato di salute e mantenere, quando possibile, un alto livello di benessere psicofisico ed emotivo;
- formare gli operatori professionali sulle tecniche del Coaching e sulle cosiddette Coaching skills con l'obiettivo di ottimizzare il loro livello di prestazione nei confronti dei pazienti e degli stessi colleghi della struttura di appartenenza;
- fornire competenze ai manager sanitari affinché possano potenziare l'efficacia organizzativa e disporre in modo efficiente il personale della propria struttura, migliorando lo spirito di squadra e i risultati.

Perché si utilizza la tecnica del Coaching in ambito sanitario?

Dato che nel percorso terapeutico è sempre più diffusa l'esigenza di adeguare la propria abilità di comunicazione alle caratteristiche dell'interlocutore e alle sue necessità, si rende necessario per il personale che opera in ambito sanitario acquisire strumenti in grado di costruire e gestire rapporti di cura rispettosi, veritieri, credibili, strutturati e orientati agli obiettivi di salute e benessere del paziente.

In quest'ottica il Coaching può essere utile ai professionisti della salute, che vivono una condizione costante di pressione e disagio quotidiano, per apprendere come impiegare i loro strumenti di comunicazione in maniera finalizzata usando il massimo della loro energia a livello fisico e mentale.

Gli stessi manager che lavorano nell'ambito della salute devono acquisire o consolidare nuove competenze anche alla luce delle sfide che devono affrontare i sistemi sanitari in continuo cambiamento. Devono aiutare il personale ad accompagnare le riforme del nuovo sistema creando un senso di appartenenza e promuovendo la fiducia tra medici e pazienti, tra medici e altri professionisti, tra i manager apicali, tra pubblico e privato. Devono acquisire e insegnare il passaggio dalla cura al "prendersi cura" trasmettendo competenze di relazione tra collaboratori, direzione strategica e territorio.

Che cosa è il Medical Coaching?

Il Medical Coaching può essere definito come un tipo di "comunicazione che cura", ed è una tecnica adottata dal personale sociosanitario con lo scopo di migliorare le capacità di relazionarsi positivamente con i propri pazienti, supportandoli nella promozione e cura della loro salute.

Il Medical Coaching aiuta a riattivare valori, risorse ed energie per fronteggiare situazioni complesse e impegnative per il paziente.

Per migliorare lo stato di benessere dei pazienti affinché siano in grado di affrontare aspetti negativi legati alla salute, è bene tenere presente che il paziente:

- possiede una parte interiore importante tanto quanto il suo corpo e che contribuisce alla sua cura anche senza farmaci (aspetti emotivi, psicologici, spirituali, ecc.);
- vive un evento negativo (tranne nei casi di un intervento di prevenzione);
- necessita di una relazione empatica e di un canale privilegiato che permetta una costante comunicazione efficace (v. domanda 24);
- va valorizzato nelle sue doti e potenzialità;
- va sostenuto e arricchito di stimoli che gli consentano di non si arrendersi facilmente;
- va coinvolto con un linguaggio positivo che lo aiuterà ad affrontare meglio l'eventuale trauma, evitando gli stati depressivi, che riducono l'effetto della cura.

Quali sono le aree di intervento del Coaching applicabili anche in sanità?

Secondo il modello di Leedham [Leedham, 2005; Seganfreddo, 2011], le aree di intervento del Coaching che si possono applicare anche al paziente in ambito sanitario sono quelle legate:

- all'area personale della crescita, intesa come aumento della consapevolezza delle proprie competenze nel cercare di sentirsi e mantenersi bene, o di intervenire in modo positivo nell'affrontare nuove sfide nell'ambito della salute;
- all'area dell'autorealizzazione, ovvero della capacità di sviluppare specifiche competenze che permettano di affrontare la nuove situazioni di salute;
- all'area della gestione degli obiettivi, dove necessitano capacità di formulare e raggiungere mete prefissate facendo leva sulle motivazioni e sui punti di forza e debolezza che intervengono in presenza di cambiamenti di salute;
- all'area del decision making e problem solving che intervengono sulla capacità di prendere decisioni per risolvere problemi legati alla "presa in carico" della nuova situazione di salute che si presenta.

Nello specifico, possiamo affermare che il Coaching interviene nell'ambito della salute al fine di aiutare ad assumere e mantenere sani stili di vita o gestire disagi nell'adesione a specifiche terapie o trattamenti. Il Coaching serve quindi per aiutare il cliente/paziente a mantenere o recuperare salute integrandosi all'intervento tecnico sanitario con una particolare attenzione agli aspetti comunicativi e relazionali, al fine di creare condizioni emotive positive orientate verso il cambiamento dello stile di vita, la guarigione o comunque il benessere generale della persona.

In quali settori viene maggiormente utilizzato il Coaching in sanità?

Il Coaching in sanità trova applicazione in particolare nella promozione della salute, nella prevenzione e correzione dei comportamenti a rischio di salute, nella cura delle patologie e nel fine vita (v. sezione III). Ad esempio, viene utilizzato con successo nell'ambito di interventi dedicati alla corretta alimentazione, al movimento fisico, alla disassuefazione dall'uso di alcol e tabacco e nei confronti di tutti quegli atteggiamenti e comportamenti che proteggono la salute.

Il ruolo del Coach in questi ambiti consiste nell'aiutare a modificare abitudini disfunzionali non solo fornendo informazioni sulla necessità del cambiamento da compiere, ma aiutando i pazienti sulla base di razionalità, consapevolezza e motivazione al fine di guidarli verso concrete modificazioni nei comportamenti che possano essere mantenute nel tempo.

Il Coaching può rivestire una grande importanza nella formazione del personale sociosanitario (medici e paramedici) per renderlo in grado di guidare pazienti e familiari ad accettare e/o ad autogestire la propria salute.

Quali sono gli obiettivi di una relazione di Coaching in ambito sanitario?

Presupposto di base e imprescindibile in ogni intervento di Coaching è il rapporto tra Coach e cliente improntato sulla fiducia e sul rispetto reciproco.

Come in qualsiasi relazione di Coaching, anche in ambito sanitario si rende necessario [Ibba, 2008; Seganfreddo, 2011]:

- individuare e chiarire gli obiettivi che il paziente desidera raggiungere;
- guidare il paziente alla scoperta delle proprie risorse e potenzialità connesse al raggiungimento di tali obiettivi;
- fare in modo che emergano e vengano utilizzate abilità e strategie per una efficace gestione della propria salute;
- supportare il paziente nel raggiungimento della sua autonomia e responsabilità.

Quali sono le caratteristiche e i limiti del Coaching in sanità?

Anche se il Coach può collaborare con lo psicologo, occorre precisare che non si sostituisce a questa figura professionale.

Il Coaching, come già precisato in precedenza, non si userà in presenza di patologie riconosciute, presagite o certificate quali depressione o importanti alterazioni psicologiche e psichiatriche.

Il personale sociosanitario si trova ad alto rischio di stress, avendo spesso a che fare con il dolore e la sofferenza del paziente e dei familiari; pertanto è necessario che nella sua formazione e preparazione sia presente, oltre alle tecniche di comunicazione efficace (v. domanda 24), anche una profonda conoscenza delle emozioni (proprie e altrui) e delle strategie dell'intelligenza emotiva (v. domanda 23), ambito – questo – sempre più diffuso e conosciuto. Anche se al personale sanitario, sia medico sia paramedico, si insegna spesso a rimanere emotivamente "distaccati", per non portare il carico emotivo del lavoro a casa (o viceversa), è importante che – con la metodologia del Coaching – si affrontino e si gestiscano tutte le problematiche emotive presenti in un rapporto operatore/paziente.

Come potrebbe essere definito un Coach che opera in ambito sociosanitario?

Come colui che interviene quando il paziente si trova di fronte a specifici problemi di salute, ha difficoltà a prendere decisioni, ha necessità di orientarsi nelle scelte di vita e chiede di essere supportato nelle difficili fasi che si susseguono nella prevenzione o cura della malattia. Inoltre offre supporto nella gestione delle relazioni interpersonali, nello sviluppo della consapevolezza personale, nel riconoscimento di emozioni, pensieri, percezioni, conflitti e nell'assunzione di nuovi comportamenti di salute.

Inoltre, poiché il Coaching in sanità può essere rivolto ai professionisti sanitari, in questa accezione il Coach può avere il compito di fornire un supporto all'organizzazione e alla formazione degli operatori.

Qual è l'approccio del Coaching nell'ambito del management di un'azienda sanitaria?

Come per altri tipi di aziende, anche nell'azienda sanitaria, il Coach interviene di solito in un rapporto One-to-One con le figure apicali (in questo caso il direttore sanitario, il direttore generale o il direttore di dipartimento o di reparto), quando si configura la necessità di intervenire per operare un cambiamento, risolvere un conflitto, operare un passaggio di ruolo o, in generale, promuovere un processo di crescita professionale, allo scopo di equilibrare vita privata e benessere professionale. Il manager, una volta formato, impara egli stesso a essere Coach nella crescita dei propri collaboratori.

Esiste un modello, sviluppato da Goldsmith e colleghi, dove vengono valutati i requisiti necessari della leadership [Goldsmith, 2000; Seganfreddo, 2011]. Tale modello prevede 4 fasi:

1. assessment, cioè una valutazione iniziale che consenta di determinare successivamente dove si sono raggiunti progressi o miglioramenti;
2. piano di sviluppo, in cui il cliente si concentra su aree specifiche di interesse e sugli obiettivi che devono essere raggiunti e il Coach lo assiste fornendo supporto;
3. comunicazione a utenti/pazienti/personale e popolazione; in questa fase il leader condivide gli obiettivi delineati;
4. implementazione/esecuzione del compito assegnato.

Nella fase finale il Coach aiuta il leader a raggiungere la piena consapevolezza delle attività sviluppate e da promuovere, fornendo strumenti utili e suggerimenti che gli permettano di raggiungere gli obiettivi determinati [Goldsmith, 2000; Seganfreddo, 2011].

Quali sono le competenze di un Coach che opera in ambito sociosanitario?

Il Coach che opera in ambito sociosanitario ha le seguenti competenze:

- cura la relazione: instaura un rapporto di fiducia con il cliente/paziente comprendendo la sua domanda, i suoi bisogni e le sue motivazioni per la gestione della salute;
- analizza il problema: sa guidare il cliente/paziente in un percorso di esplorazione, riconoscimento, identificazione e gestione delle risorse individuali disponibili aiutandolo ad assumere la necessaria consapevolezza e responsabilità su possibili scelte o percorsi da intraprendere;
- promuove la progettazione: è in grado di progettare interventi specifici stabilendo con il cliente/paziente gli obiettivi, la strategia e gli strumenti operativi utili per i cambiamenti richiesti;
- stimola la motivazione necessaria per rendere efficaci gli interventi progettati;
- lavora in team utilizzando abilità comunicative per relazionarsi con gli altri professionisti che intervengono nell'ambito della situazione di salute del cliente/paziente collaborando in sinergia con loro;
- valuta il rapporto con il cliente/paziente utilizzando le proprie abilità per sostenere e mobilitare le sue risorse durante l'intero processo di intervento monitorando costantemente il raggiungimento degli esiti e del risultato finale.

Qual è l'atteggiamento da assumere nel Coaching fin dal primo incontro?

Esaminando le tappe di una visita medica occorre considerare che la terapia inizia sin dai primi momenti della relazione, dal modo in cui il paziente si sente accolto, avverte empatia, partecipazione e non indifferenza da parte del personale sanitario. Questo aspetto, detto anche "effetto prima impressione", comporta che le sensazioni provate influenzino la formazione dei giudizi successivi. Infatti, una volta che si acquisisce una prima impressione, si tende a ricercare elementi che la confermino [Sirigatti, 2008].

Molta importanza viene data in questa prima fase alla "comunicazione non verbale statica", ovvero a tutti gli aspetti legati all'"apparire" (come l'uso del camice, l'ambiente accogliente, ecc.) e alla "comunicazione non verbale dinamica", come lo sguardo, la postura, la distanza interpersonale, la gestualità, ecc. [Ekman, 2004; Harrigan, 2005]

Studi recenti di neuroimaging hanno evidenziato come lo sguardo reciproco attivi 5 regioni cerebrali in più di quelle che vengono attivate da uno sguardo non contraccambiato [Milanese, 2015]. Occorre, però, prestare attenzione a non fissare troppo a lungo il paziente in quanto, secondo altre ricerche [Montague, 2011], è più opportuno guardare alternativamente gli occhi e altre parti del volto, come gli zigomi, la fronte e l'ovale del viso: questo sguardo "intermittente" comporta il fatto che il paziente si senta accolto e apprezzato, invece che in imbarazzo.

Va considerato che distanza interpersonale varia da cultura a cultura (ad esempio in quella mediorientale la distanza tra persone dello stesso sesso deve essere più ravvicinata). Occorre inoltre orientarsi in modo frontale rispetto al paziente (spesso il medico rimane seduto in modo trasversale di fronte a una scrivania). Anche la postura deve essere rilassata e non rigida, in quanto induce un analogo effetto nel paziente [Ruusuvuori, 2004].

Un particolare interesse va rivolto alla propria mimica facciale, in quanto le ricerche confermano che il cervello è in grado di decidere se una persona è degna di fiducia o meno solo dopo un decimo di secondo di esposizione al suo volto [Willis, 2006]. Generalmente un sorriso sereno aiuta ad allentare le tensioni e predispone il paziente a una apertura maggiore.

Il personale sanitario va formato anche all'uso e alla lettura del paraverbale (tono della voce, volume, ritmo, velocità dell'eloquio, uso delle pause) in quanto permette la trasmissione di molte informazioni sullo stato d'animo e sulle caratteristiche del paziente.

62

Quali informazioni devono essere raccolte dall'operatore sanitario nel processo di Coaching?

La raccolta delle informazioni rappresenta un momento fondamentale per il Coach al fine di conoscere meglio il paziente e instaurare una buona relazione.

In questa fase il sanitario deve raccogliere due tipi di informazioni:

- quelle riguardanti la malattia intesa in senso biologico (per gli inglesi "disease");
- quelle relative al punto di vista del paziente, al suo vissuto (per gli inglesi "illness").

Ogni persona porta con sé, oltre ai sintomi della malattia, anche le sue paure, le sue ansie, le sue opinioni, oltre alle sue esperienze precedenti e alla sua situazione lavorativa e sociale attuale.

In genere il medico e le altre figure sanitarie ritengono che non sia compito loro gestire le emozioni, in quanto non appartenenti alla propria professione ma a quella di psicologi e psicoterapeuti [Milanese, 2015]. Invece comprendere la situazione emotiva e percettiva del paziente consente di "sintonizzarsi" al fine di relazionarsi in modo più efficace, anche dal punto di vista terapeutico.

Perché è importante l'uso delle domande "strategiche" nel Coaching in sanità?

Solitamente il personale sociosanitario si avvale di domande chiuse che guidano il paziente in modo direttivo, permettendo così una rapida raccolta di dati.

L'uso di domande strategiche ovvero di domande con possibilità di risposta multipla o aperta permette al paziente di scegliere quella che si adatta meglio alle sue esigenze al fine di mettere a fuoco in tempi rapidi tutti gli aspetti legati alla situazione clinica [Nardone, 2004].

Ad esempio, quando poniamo una domanda sulla sua percezione del dolore, possiamo verificare che il paziente generalmente trova difficoltà a descriverlo; se la domanda viene invece posta in modo strategico, le possibilità di definizione risultano più efficaci.

In questo caso le domande strategiche riguardano situazioni specifiche per comprendere l'insorgenza, la tipologia delle sensazioni, il decorso e i fattori contribuenti, come: «Il dolore è comparso prima o dopo la nuova attività lavorativa? Assomiglia a un crampo? Le permette di dormire?».

L'uso delle domande strategiche da parte del personale sanitario può essere affiancato da frasi riepilogative che permettono di valutare quanto il paziente ha effettivamente compreso, come ad esempio: «Per favore, può ripetermi con parole sue quanto le ho indicato (prescritto, suggerito...) in merito al suo stato di salute, in modo da capire se mi sono spiegato bene?».

Il Coaching aumenta la compliance (aderenza alle terapie) del paziente?

La compliance – intesa come misura in cui il comportamento del paziente in termine di assunzione di farmaci, mantenimento di dieta o altra variazione dello stile di vita coincide con le prescrizioni del personale sanitario – produce risultati migliori in presenza di prestazioni da parte di personale formato per il Coaching in sanità in quanto lo stile di comunicazione viene "sintonizzato" sul paziente che avverte empatia, interesse, talvolta umorismo e mai direttività. Esiste infatti una forte e significativa correlazione tra l'aderenza del paziente e le abilità comunicative e relazionali del medico e del personale paramedico [Zolnierek, 2009].

Quali sono nell'ambito del Coaching i fattori che facilitano l'aderenza alle terapie?

Secondo l'OMS [Sabatè, 2003], ci sono 5 fattori alla base dell'aderenza alle terapie:
- il tipo di disturbo;
- il tipo di trattamento;
- le caratteristiche del paziente;
- i fattori socioeconomici;
- i fattori legati al sistema e agli operatori sanitari, in particolar modo la qualità delle relazioni medico-paziente.

L'obiettivo primario del Coach consiste nella creazione di strategie utili a far raggiungere i goal concordati con il cliente stabilendo i risultati che si aspetta di ottenere e offrendo supporto per permettergli di trovare le risorse per affrontare un cambiamento dello stato di salute, che può comportare l'assunzione di specifiche e a volte complesse terapie.

Questo tipo di Coaching si basa sulla capacità del Coach di rispettare le preoccupazioni del cliente, di fornire informazioni adeguate, di rassicurarlo e coinvolgerlo in maniera attiva mostrando sempre uno stile comunicativo "caldo" ed empatico.

Numerosi studi e ricerche confermano che i pazienti maggiormente coinvolti da un punto di vista comunicativo nella consultazione, i cui Coach sanitari pongono maggiore attenzione alla relazione, raggiungono livelli di maggior efficacia della cura e un miglioramento del benessere fisico e psicologico [Marcum, 2013].

Perché i pazienti non aderiscono alle terapie?

In genere i pazienti non seguono le indicazioni del personale sanitario per due motivi:

* per carenza informativa e/o di comprensione di quanto loro comunicato;
* perché decidono intenzionalmente di non seguirle in quanto non le condividono, preferiscono consultare altri specialisti o le ritengono troppo onerose.

Nel primo caso il fenomeno si definisce anche "non aderenza involontaria" in quanto il paziente non comprende la terapia da assumere o la sua importanza e spesso dimentica quello che gli viene detto per difficoltà cognitive o pratiche. A volte il personale sanitario dedica poco tempo alla visita, sottostimando il desiderio dei pazienti di essere informati [Marcum, 2013].

Nel secondo caso, invece, ci troviamo di fronte alla "mancata compliance volontaria", che spesso è accompagnata da una scarsa attenzione da parte degli operatori alla comprensione dell'importanza della terapia da parte del paziente.

Alcuni pazienti percepiscono la terapia farmacologica in maniera negativa in base alle proprie credenze e conoscenze sui farmaci o sulla base delle esperienze pregresse (personali o di familiari e amici). Alcuni temono l'instaurarsi di una dipendenza o di danni permanenti a causa della somministrazione di farmaci a lungo termine [Vermeire, 2001]. Spesso la resistenza si innesca per la sfiducia nei prodotti chimici o nella medicina e tecnologia in generale o verso gli stessi medici che tendono, secondo il giudizio dei pazienti, a prescrivere troppi farmaci. Altri fattori di resistenza sono legati al dolore e alla rabbia scatenati dalla diagnosi ricevuta, che possono portare a dubbi fino ad arrivare alla vera e propria negazione della malattia o alla convinzione, al contrario, che non vi sia bisogno di alcun trattamento [Sabatè, 2003].

Come devono essere gestite le resistenze nel processo di Coaching in sanità?

Gli studi sui processi di cambiamento indicano come la via più rapida per modificare le abitudini non passi attraverso la cognizione ma attraverso la percezione che ciascuno ha della realtà. Pertanto non vale il principio che se il paziente comprende le ragioni per cui deve introdurre un cambiamento, allora sarà in grado di farlo. Solo cambiando la percezione del paziente si potrà produrre un cambiamento, anche nella sua reazione emotiva e comportamentale [Nardone, 2008]. Quindi la comunicazione deve sempre essere adattata alle caratteristiche del paziente, al suo punto di vista, alle sue credenze, alle emozioni che prova e ai suoi valori. Ad esempio la prescrizione di una dieta – magari con modalità direttiva e giudicante – a un paziente che si trova in un periodo di grande stress può provocare una forte resistenza da parte sua, mentre può essere accolta in modo favorevole in un momento diverso e naturalmente con modalità comunicative più adatte.

Qual è il ruolo della persuasione
nel Coaching in sanità?

Il personale sanitario deve essere in grado di riconoscere e comprendere le resistenze emotive e percettive del paziente e di gestire la sua paura, pena l'inosservanza della terapia.

Nel Coaching in sanità l'intervento per aumentare la compliance, se direttivo, sarà scarsamente efficace (se non addirittura controproducente), con il rischio di sfociare in uno stile paternalistico che fa aumentare la rigidità e l'opposizione del paziente riguardo alle indicazioni offerte. Applicando la metodologia del Coaching, il personale sociosanitario, generalmente abituato a "convincere", diventerà quindi competente nel "persuadere".

La persuasione agisce sulle percezioni e non sulle cognizioni e si avvale di un linguaggio attento sia alla forma sia al contenuto. Inoltre prevede un influenzamento non direttivo ma "suadente", portando l'altro a scegliere in maniera volontaria [Nardone, 2013].

Nell'ambito del Coaching la comunicazione efficace può avere effetti sulla salute del paziente?

La comunicazione efficace (v. domanda 24) tra operatori sanitari e pazienti produce effetti indiretti sulla salute di questi ultimi in quanto interviene su variabili intermedie come la comprensione del paziente, gli accordi sul trattamento e l'aderenza alle terapie. Ha inoltre effetti diretti sui risultati clinici esercitando un'influenza positiva sulla salute del paziente non solo da un punto di vista emotivo ma anche riguardo alla risoluzione dei sintomi e allo stato funzionale fisiologico e di controllo del dolore. Può anche incidere direttamente sulla prognosi.

L'uso di alcune parole piuttosto che altre o un atteggiamento aperto possono avere un impatto immediato sul decorso di una malattia. Pertanto la comunicazione efficace rappresenta un vero e proprio strumento curativo e va considerata come parte integrante e fondamentale della professione sanitaria.

Qual è il ruolo del Coaching rispetto all'effetto placebo di una terapia?

Il placebo è una sostanza inerte che, sebbene non presenti specifici effetti curativi su un determinato disturbo o malattia, può portare a concreti miglioramenti nella situazione clinica del paziente.

Grazie anche al supporto delle neuroscienze, che hanno permesso di individuare alcune componenti neurofisiologiche, il meccanismo del placebo è stato maggiormente considerato nella ricerca clinica come strumento terapeutico [Benedetti, 2013b].

Il personale sanitario formato alle tecniche del Coaching dovrà quindi essere consapevole dei molteplici meccanismi relativi al placebo emersi dagli studi che hanno analizzato questo fenomeno, e che devono essere considerati nel rapporto con il paziente, come ad esempio la pura aspettativa mentale da parte del paziente di un beneficio terapeutico.

Anche se l'effetto placebo dipende da una serie di elementi che riguardano il tipo di placebo usato o le competenze comunicative del personale, questo fattore può scatenare una serie di eventi psicobiologici, tra cui la riduzione del livello di ansia, che conduce effettivamente a un miglioramento clinico.

Quali sono i fattori alla base della comunicazione efficace in grado di amplificare l'effetto placebo?

È stato dimostrato che quanto più l'operatore sanitario è in grado di alimentare le aspettative e la fiducia del paziente sui risultati della terapia, tanto più tali risultati saranno amplificati [Benedetti, 2013a].

In particolare sono stati individuati 8 fattori in grado di amplificare gli effetti del placebo [Miller, 2009]:

1. parlare positivamente del trattamento;
2. fornire incoraggiamento;
3. sviluppare fiducia;
4. dare rassicurazioni;
5. supportare la relazione;
6. rispettare l'unicità del paziente;
7. esplorare i suoi valori;
8. creare rituali terapeutici.

In quest'ottica, è fondamentale la comunicazione non verbale del Coach e la capacità di utilizzare suggestioni positive al posto di quelle negative [Benedetti, 2011].

Inoltre molto importante risulta essere la fiducia che il medico stesso nutre nei confronti del trattamento, rappresentando egli stesso una garanzia di buon "funzionamento" dell'effetto placebo.

Perché il Coach deve considerare l'effetto nocebo?

I processi alla base dell'effetto nocebo sono gli stessi dell'effetto placebo, in direzione opposta, cioè considerano i meccanismi di aspettativa o condizionamento in senso negativo.

La stessa comunicazione degli effetti collaterali dei farmaci o di altre procedure mediche rischia di indurre un effetto nocebo sul paziente.

Pertanto il Coach terrà conto delle aspettative del cliente nel comunicare una diagnosi o dei possibili effetti collaterali di terapie.

Una diagnosi di depressione, ad esempio, sembra avere un potente effetto di induzione della depressione stessa in quanto l'etichetta diagnostica può influire fortemente sul paziente, condizionandolo al punto che si sentirà intrappolato e biologicamente condannato, tanto da rinunciare a combattere contro la propria condizione depressiva [Kirsch, 2009; Frances, 2013].

Perché il Coaching considera l'importanza dell'unità mente-corpo (mind-body) del paziente?

Fondamentale, tra i principi del Coaching in sanità, è considerare la connessione tra corpo e mente, che testimonia come tutti partecipiamo attivamente alla nostra salute attraverso convinzioni, atteggiamenti e aspettative personali. Ad esempio tutti abbiamo esperienza di come uno stress psichico di tipo cronico, causato da emozioni, traumi ed eventi stressanti, possa provocare una potente azione di soppressione e/o disregolazione del sistema immunitario e portare a contrarre successive patologie, così come, in senso opposto, sane abitudini alimentari, un'attività fisica adeguata e una situazione di benessere emotivo siano determinanti per la salute psicofisica della persona [Bottacioli, 2005].

Questo significa che la psiche è in grado di modificare l'attività e l'assetto dei diversi sistemi biologici (nervoso, endocrino, immunitario, metabolico), che a loro volta retroagiscono su di essa e la influenzano.

Pertanto il Coach dovrà porre attenzione verso i processi emotivi e gli atteggiamenti mentali del paziente, in quanto giocano un ruolo decisivo nel mantenimento della salute e nella cura della malattia, oltre a rappresentare una importante visione dei costrutti di prevenzione e terapia.

Per aiutare il paziente a mantenere o recuperare salute è fondamentale che il personale sanitario presti molta attenzione agli aspetti comunicativi e relazionali e all'equilibrio tra la mente e il corpo della persona.

Perché nel Coaching in sanità risulta molto importante il fattore tempo?

Spesso nella pratica clinica emergono diversi problemi comunicativi dovuti al fatto che il paziente non si sente ascoltato e considerato. Il motivo più comune di insoddisfazione per i pazienti è generalmente dovuto alla scarsità di tempo dedicato alla visita medica, che limita lo scambio delle informazioni e il contatto fisico [Tai-Seale, 2007].

Nella visita il tempo è generalmente ripartito tra accoglienza del paziente, raccolta dell'anamnesi, esame obiettivo, visione di eventuali esami diagnostici, formulazione dell'ipotesi diagnostica e costruzione di una strategia di intervento (dove risulta molto importante applicare le tecniche del Coaching). Questa ripartizione varia molto a seconda che si tratti di una prima visita o di una visita di controllo, che si svolga in un ambulatorio o in una stanza di ospedale. Anche se il fattore tempo è strettamente correlato alla complessità del problema, spesso il medico teme che dedicando troppo tempo all'ascolto del paziente si possa ridurre il tempo previsto per la diagnosi e la prescrizione della terapia, che egli considera gli aspetti più importanti del proprio lavoro.

In letteratura alcuni studi riportano che i medici solitamente interrompono l'esposizione dei sintomi da parte del paziente dopo 22 secondi, mentre la maggior parte del pazienti ha necessità di 2 minuti in più per esporre circa il 75% dei sintomi [Marvel, 1999; Langerwitz, 2002]; pertanto un terzo delle informazioni dei pazienti non viene considerata. Inoltre solo 1 medico su 4 conclude la visita chiedendo al paziente se ha ulteriori domande, generando così sentimenti di risentimento e insoddisfazione nel paziente.

Perché nel Coaching in sanità è fondamentale utilizzare una terminologia appropriata alla comprensione del paziente?

A fronte di numerosi studi che dimostrano come il personale sociosanitario spesso sovrastimi il livello di conoscenza della terminologia medica da parte dei pazienti [Centers for Disease Control and Prevention, 2012], molti professionisti della salute continuano a utilizzare un linguaggio tecnico-specialistico di difficile comprensione.

Anche l'uso e abuso di termini anglosassoni ha invaso il linguaggio sanitario: ad esempio il paziente deve presentarsi in day hospital, seguire un follow-up, ecc. Inoltre il significato attribuito a un determinato termine può non essere univoco, molte parole provocano nei pazienti paure e ansie oppure confusione: per esempio la paziente oncologica che dopo una ecografia alla mammella si sente dire che «è positiva» pensa a una buona notizia, e non al fatto che il sospetto di metastasi è confermato!

Spesso gli operatori sanitari tendono a sottostimare il livello di imbarazzo dei pazienti e la loro difficoltà nel chiedere spiegazioni [Koch-Weser, 2009].

Perché nel Coaching in sanità non va usato un metodo direttivo?

In genere il personale sanitario è convinto che basti dire al paziente che cosa deve fare perché questi lo metta in pratica; inoltre spesso non indaga sulla motivazione del paziente e non è interessato alle sue opinioni. A volte la relazione terapeutica appare quasi un interrogatorio: alcuni studi riportano che circa il 75% delle visite avviene con queste modalità [Moja, 2000].

Spesso, nel tentativo di demolire le resistenze e le contraddizioni del paziente, si creano dei blocchi nella comunicazione o si fa ricorso a toni minacciosi e sensi di colpa che, anziché avere come conseguenza l'adozione di un comportamento positivo (così come nelle intenzioni del sanitario), inducono il paziente a mettere in atto meccanismi di difesa che possono portare al rifiuto della diagnosi o delle terapie, in quanto troppo spaventose o ansiogene [Nardone, 2006].

Perché il Coaching risulta importante nei cambiamenti delle abitudini alimentari?

Il cambiamento delle abitudini alimentari è un importante aspetto del Coaching in sanità. Tale intervento deve essere sempre richiesto dal paziente e mai forzato o voluto dal Coach, il cui compito è quello di impegnarsi affinché il cliente acquisisca un nuovo livello di consapevolezza e motivazione che gli permetta di correggere le sue abitudini disfunzionali.

Soprattutto in una condizione necessaria e urgente, come quando sono presenti problemi di salute importanti, l'operatore/Coach sarà in grado di motivare correttamente il suo cliente/paziente a una revisione totale dello stile alimentare.

Il primo passo del percorso consiste nel cercare di capire le situazioni in cui il cliente sia riuscito a introdurre qualche modifica nel suo stile di vita in generale, in modo da aiutarlo a riconoscere quali meccanismi "di successo" sono stati già usati, per poterli nuovamente utilizzare.

Riguardo alle abitudini di vita in generale, il Coach invita il cliente a distinguere tra ciò che è una abitudine gradevole e positiva, o sgradevole e disagevole, e tra ciò che produce vantaggi o svantaggi, per stile di vita, salute, benessere psicofisico del cliente stesso. Ossia quali sono le ricadute di uno stile disadattivo in termini fisici, come pressione o aumento della glicemia.

Di fronte, per esempio, a un peso eccessivo oppure a una condizione di magrezza evidente – di cui il cliente si lamenta o che altera il suo equilibrio – il Coach lo accompagna, lo sostiene, lo aiuta in un programma di cambiamento che inizierà con l'uso di una serie di domande sulle sue abitudini alimentari (che cosa, quanto, quando e dove mangia) al fine di condurlo verso la ristrutturazione delle sue convinzioni riguardo al cibo (quello che fa bene, che non fa bene, che è salutare, ecc.) e dei comportamenti alimentari che tenga conto anche di stile di vita, preferenze di cibi e ritmo del sonno, oltre all'abituale dispendio energetico.

Il tipo di analisi da svolgere riguarderà anche i rapporti emotivi, affettivi e relazionali del cliente, che potranno fungere da stimolo per le sue modifiche alimentari e che rappresentano elementi fondamentali di analisi da riportare anche nel diario alimentare come stimolatori o inibitori di senso di fame.

Esercitarsi a sostituire le vecchie con nuove abitudini richiede sempre un grande sforzo, che spesso può far incorrere in ricadute. Quindi è bene ricordare l'importanza di evitare toni critici, paternalistici o colpevolizzanti, cercando di far comprendere al Coachee che anche le esperienze negative (es. interruzioni di dieta per "abbuffate") costituiscono comuni incidenti di percorso che potranno essere superati.

Convinzioni negative e limitanti, come un tipo di dieta rigida, triste o impossibile, saranno elementi da valutare nella rieducazione alimentare.

Sebbene il Coach non prescriva una dieta, aiutare il cliente a correggere elementi riguardo all'alimentazione non vuol dire spingerlo verso periodi di deprivazione forzata. Anche le neuroscienze sottolineano l'importanza di mantenere il senso del piacere del cibo, accompagnato da una informazione competente su una nuova capacità di degustarlo, come pranzare in posti curati con tavole ben preparate, con piatti dall'aspetto piacevole, e soprattutto maggior tempo per se stessi mentre si mangia (il senso di sazietà interviene solo dopo 20 minuti dall'inizio di un pasto). In questo senso, il Coach vigila anche sul cambiamento dei riti alimentari, facendo emergere nel paziente la valutazione relativa ad alcune abitudini che non sono salutari, come mangiare seduto sul divano davanti alla televisione, oppure davanti al computer, o in piedi, o in auto.

Perché il Coaching risulta importante negli interventi legati all'attività fisica?

Nel nostro Paese la sedentarietà rappresenta un grave fattore di rischio per l'insorgenza o il perdurare di molte malattie croniche.

Il ruolo del Coach, in questo ambito, consiste nel combattere la resistenza verso stili di vita salutari che molti individui utilizzano come giustificazione per l'assenza di movimento fisico, come ad esempio l'impossibilità per impegni lavorativi, familiari ecc.

Come per altre difficoltà ad assumere comportamenti salutari nonostante la consapevolezza dei benefici che ne deriverebbero, ad esempio per l'osservanza di una dieta corretta, anche per il movimento fisico permane l'indicazione che l'agire sulla sola razionalità non è sufficiente. Risulta pertanto controproducente colpevolizzare, criticare, contrattare o insistere, in quanto occorre lavorare sulle percezioni del cliente, che spesso vive con sforzo e fatica anche solo il pensiero di andare in palestra o fare passeggiate a piedi o in bicicletta.

Inoltre, dato che il movimento fisico deve essere mantenuto nel tempo, il Coach aiuterà il Coachee a creare e a mantenere un corretto stile di vita, evitando tutte le connotazioni legate al concetto del "dovere" e agendo invece sulla motivazione e sul piacere, ad esempio con frasi come «Con il movimento fisico aumenterà il suo livello di energia», «Si sentirà più leggero, rilassato», ecc.

Anche in questo caso il Coach analizzerà insieme al Coachee la gestione del tempo, il rapporto con il sonno, il cibo, lo sport e le altre attività, al fine di creare insieme un programma completo di benessere psicofisico. A volte anche la semplice domanda su quanto il paziente spende per la sua attività fisica potrà già innescare una riflessione sull'argomento.

Il Coach vigilerà affinché ogni programma prescritto dallo specialista riguardante l'attività fisica, come la dieta, sia personalizzato in base all'età, alle condizioni di salute, alla motivazione, alle preferenze individuali e al tipo di attività da praticare: alcuni amano i luoghi all'aperto, quindi vanno suggerite passeggiate nei parchi o nei boschi, altri amano il nuoto, alcuni preferiscono praticare sport da soli e altri in gruppo. In generale, se l'attività fisica viene svolta in compagnia la motivazione diventa maggiore, come risulta da studi sulle relazioni sociali e la pratica sportiva [Hagger, 2006].

Perché il Coaching risulta importante negli interventi legati all'uso di alcol e tabacco?

Il Coaching viene impiegato in questo ambito perché la disassuefazione da alcol e tabacco fa parte di un percorso di informazione e di presa di coscienza da parte del Coachee in merito alla loro influenza negativa su uno stile di vita salutare. Essere presenti e coscienti è fondamentale per qualsiasi attività lavorativa, relazionale e sociale.

Abbandonare abitudini legate al piacere come fumare sigarette o bere alcolici comporta notevoli resistenze. Studi recenti dimostrano che la razionalità non vince sul piacere [Nardone, 2013] e nemmeno paternali o critiche da parte dei sanitari, che determinano spesso effetti controproducenti sulla salute. Ad esempio, secondo uno studio relativo alle scritte riportate sui pacchetti di sigarette, risulta che i messaggi terrorizzanti producono reazioni di ribellione che inducono a fumare di più [Hansen, 2010]. Solo se la persona decide in autonomia di smettere di fumare, avremo alte probabilità di successo (fino al 91%), altrimenti manterrà questa abitudine dannosa nonostante tutti gli sforzi e la buona volontà da parte del Coach [Skorjanec, 2008].

In questo ambito, la finalità del Coach è ridurre o interrompere le abitudini legate all'uso di alcol e tabacco, creando la motivazione al cambiamento (anche la riduzione del numero di sigarette potrebbe rappresentare un importante obiettivo). Uno dei primi passi da compiere in un processo di disassuefazione dal fumo consiste nel chiedere alla persona di individuare i momenti piacevoli della giornata in cui si fuma, ovvero quali sono le sigarette "veramente godute". Inoltre è fondamentale riuscire a intervenire sulle percezioni della persona, sottolineando gli aspetti che possono andare a colpirne un interesse specifico, ad esempio evidenziando il possibile impatto su fattori estetici o sessuali, come il rischio di aumento delle rughe intorno alla bocca o l'insorgenza di impotenza o mancata erezione.

Che cosa si deve considerare in un intervento di Coaching con bambini e genitori?

Un intervento di Coaching con bambini e genitori può affiancarsi al tradizionale "parent training", che ha una storia consolidata nei gruppi di formazione per i genitori e che consiste in un sostegno nell'educazione dei figli, sia come intervento preventivo sia in caso di specifiche difficoltà o malattie presenti nel minore.

Il comportamento dei bambini è il risultato dell'educazione ricevuta dai genitori, pertanto le domande del Coach sugli aspetti emotivi e comportamentali sia dei figli sia dei genitori iniziano dal bagaglio personale dei genitori, che comprende la loro precedente educazione ma anche gli aspetti sociali e culturali che hanno influenzato il loro stile educativo.

Che cosa funziona, che cosa ha funzionato nel passato, che cosa si intende fare, che cosa si sa fare, che cosa si è disposti a modificare sono le domande da cui parte un buon programma di Coaching nell'intervento con i genitori.

Un risultato efficace per l'aumento della consapevolezza dei genitori e dei bambini (e anche degli insegnanti) è offerto dalle tecniche sull'utilizzo dell'intelligenza emotiva, che educano al riconoscimento di percorsi emotivi che sviluppano pattern comportamentali efficaci anche nella prevenzione di fenomeni sempre più presenti nella società odierna, come il bullismo.

La comunicazione con i bambini si differenzia dagli altri tipi di comunicazione perché l'operatore si rapporta con almeno due persone, il bambino e il genitore, e spesso il bambino non viene coinvolto nel processo comunicativo [Tates, 2002].

In genere i professionisti sanitari si rivolgono al bambino per conoscere i sintomi, escludendolo dalla comunicazione della diagnosi, della prognosi e del trattamento, che verranno discussi solo con i genitori. È necessario invece che il Coach si rivolga direttamente al bambino per conoscere i suoi sentimenti, la sua interpretazione dei sintomi, le sue paure e le sue domande, mantenendo allo stesso tempo una relazione con i genitori, che vivono con ansia il disagio manifestato dal figlio, spesso accompagnata da sensi di colpa "per non aver fatto di più".

Che cosa si deve considerare in un intervento di Coaching con gli adolescenti?

Il Coaching riveste un ruolo importante nell'adolescenza, soprattutto per quanto riguarda la prevenzione di comportamenti legati all'assunzione di alcol o droghe o nella prevenzione di incidenti stradali, malattie sessualmente trasmesse, ecc.

Il Coach ha il compito di promuovere le Life skills (o abilità sociali) degli adolescenti, offrendo strumenti che permettano loro di diventare protagonisti delle proprie scelte al fine di correggere le cattive abitudini o i comportamenti a rischio di salute. Le Life skills intervengono infatti per modificare stili disfunzionali di salute, rinforzando le abilità necessarie per affrontare la vita quotidiana, in quanto aiutano a sviluppare competenze e risorse per resistere alla pressione dei pari e all'influenza sociale, intervenendo nella importante capacità del "prendersi cura di se stessi". Il Coach pertanto accompagna l'adolescente nell'apprendere le abilità e le competenze necessarie per potersi mettere in relazione con gli altri, affrontare i problemi, le pressioni e gli stress della vita quotidiana.

La valorizzazione delle Life skills costituisce per il Coach uno strumento estremamente efficace per aumentare il livello di autostima e il senso di autoefficacia, che permettono una valutazione globale favorevole da parte degli adolescenti circa le proprie abilità, generando la convinzione di poter superare gli ostacoli con le proprie forze [De Santi, 2015].

Spesso i giovani vedono che alcuni comportamenti legati all'uso delle sostanze ("in classe fumano tutti") sono comuni tra i loro compagni, tanto da sentirsi malati o esclusi se non ne fanno uso. Spiegare loro gli effetti delle sostanze sottolineando la possibile insorgenza di «attacchi di panico, le sindromi paranoiche, i disturbi della volontà, gli evitamenti sociali, i deliri quali effetti consueti della alterazioni chimiche dell'encefalo indotte dall'alcol assunto per sballo» [Milanese, 2015] spesso non è sufficiente. È necessario che il Coach educhi al piacere senza entrare in merito a giudizi moralistici.

Che cosa si deve considerare in un intervento di Coaching con gli anziani?

Nei Paesi occidentali per "anziano" si intende una persona con più di 65 anni di età con una aspettativa di vita di circa 14 anni per l'uomo e 17 anni per la donna. Nel nostro Paese gli ultrasessantacinquenni superano i 13,5 milioni e rappresentano il 22,3% della popolazione totale, gli ultraottantenni sono 4,1 milioni (6,8% del totale), mentre gli ultranovantenni sono 727mila (1,2% del totale). Gli ultracentenari ammontano a 17mila [ISTAT, 2017].

Quando il Coach comunica con la persona anziana è necessario che tenga presente anche lo stato di salute del Coachee e la notevole differenza che può esserci tra un anziano in salute, autonomo e creativo e un anziano sofferente, disabile o con problemi legati a malattie degenerative come la demenza o altre patologie invalidanti.

Le modalità di relazione assumono quindi una grande importanza per la comunicazione con questo tipo di paziente, che potrebbe necessitare, ad esempio nel caso di problemi dell'udito, di vedere il movimento delle labbra per comprendere meglio ciò che viene comunicato dall'operatore. Pertanto è importante porre molta attenzione alla comunicazione verbale e non verbale, alla postura, alle pause, al tono della voce, in quanto spesso sono rallentati i ritmi legati alla elaborazione delle informazioni ricevute.

Occorre ricordare che le persone anziane possono perdere le abilità cognitive ma conservano quelle emotive e pertanto è necessario offrire fiducia e sicurezza evitando il rischio di "infantilizzazione" (come "dare del tu").

III. Il Coaching nella comunicazione delle cattive notizie

Anche per il semplice volo di una farfalla, è necessario tutto il cielo.
Paul Claudel

Che cosa è una cattiva notizia in ambito sanitario?

Una cattiva notizia è un'informazione che modifica in modo drastico e negativo la visione che il malato ha del proprio futuro. Diventa tanto più "cattiva" quanto è maggiore la differenza tra la percezione della realtà del malato (realtà soggettiva) e la situazione reale (realtà oggettiva) [De Santi, 2007]. Il compito del Coach consisterà quindi nel favorire il passaggio tra le due realtà.

Una cattiva notizia coinvolge pregiudizi e rappresentazioni sociali negative riguardo alla malattia, che esistono anche prima che il paziente venga a conoscenza dell'esito dei suoi esami.

Il collegamento con l'eventualità e la paura della morte da parte del paziente rende la comunicazione ancora più complessa [De Santi, 2007].

Come può essere considerata una cattiva notizia in una relazione di Coaching?

Come è attestato anche dalle neuroscienze, le parole influenzano i comportamenti in modo emotivamente positivo o negativo e il Coach, cosciente di questo effetto, le utilizza attribuendo un valore educativo e responsabile al suo linguaggio.

Il Coach usa un linguaggio di precisione, ossia parole adatte alla situazione, che non inducono di per sé emozioni negative; una "cattiva notizia" può essere definita con termini più adeguati, in base alla filosofia del metodo: le parole come "errore", "problema", "cattivo", "difficile" sono sostituite con altre che non influenzano negativamente il cliente, pur favorendone la consapevolezza e la presa di coscienza.

Questo rappresenta un tema molto importante e innovativo da considerare per l'uso della comunicazione nell'ambito del Coaching in sanità.

Quando può essere particolarmente utile il ricorso al Coaching per le cattive notizie?

Nella malattia oncologica troviamo alcuni momenti comunicativi particolarmente critici, che possono essere comuni anche ad altre patologie a esito infausto [De Santi, 2007]:

1. la prima comunicazione della diagnosi;
2. la comunicazione del piano terapeutico iniziale;
3. la comunicazione dell'"off-therapy" (sospensione delle terapie, applicazione del principio di giustizia, richiesta di una "seconda opinione" a un altro medico);
4. la comunicazione della prima recidiva della malattia;
5. la comunicazione dell'inizio della fase terminale;
6. la comunicazione con i familiari nella fase del lutto.

Come interviene il Coach nell'ambito della comunicazione delle cattive notizie?

Il Coach che accompagna il paziente nel percorso di malattia considera che la comunicazione di una cattiva notizia modifica in modo drastico il punto di vista del paziente e della sua famiglia.

Supportare il paziente dopo la comunicazione di una diagnosi di cancro o di una prognosi infausta costituisce un compito complesso che richiede una preparazione specifica.

Il compito del personale sociosanitario impegnato in ambito oncologico diventa estremamente delicato e importante considerando che, nell'ambito della sanità, la formazione alle abilità comunicative e alle competenze relazionali solitamente non rientra nel curriculum formativo dei professionisti, che dovrebbero essere supportati anche da linee guida di comportamento in merito a situazioni particolari.

L'impatto di una cattiva notizia, in genere negativo e drammatico, dipende anche da quanto il paziente e il suo ambiente affettivo già sanno.

In letteratura numerosi studi attestano la volontà delle persone di apprendere la verità sulla natura, la diagnosi, la prognosi e il trattamento della malattia, sebbene, in percentuale minore, molti individui non vogliano essere informati sulla loro condizione di salute [De Santi, 2007].

Uno degli aspetti che il Coach potrà per primo esplorare, per aiutare il paziente a comprendere meglio il suo nuovo stato di salute, riguarda quanto il paziente sia già a conoscenza della sua situazione e quanto desideri effettivamente sapere.

Perché si rende necessario supportare il paziente nella comunicazione delle cattive notizie?

Il Coach è consapevole che ci sono alcuni buoni motivi per cui è necessario comunicare in modo attento e con termini precisi le cattive notizie (ad esempio al malato oncologico) [De Santi, 2007; Baile, 2000]:

1. il paziente, spesso, vuole essere informato;
2. la comunicazione rappresenta uno dei compiti del professionista sanitario;
3. l'informazione sul proprio stato di salute è un diritto della persona sancito dalla legislazione;
4. può facilitare il processo di adattamento alla malattia [Maynard, 1996];
5. può migliorare la qualità e la quantità dei dati anamnestici raccolti.

Che cosa deve considerare il Coach nel comunicare le cattive notizie?

Ogni individuo entra in contatto con i diversi aspetti della malattia in modo del tutto personale. Comunicare cattive notizie rappresenta un processo che parte dalla capacità del malato di scoprire, accettare, comprendere ed elaborare la malattia.

Quando si comunica una cattiva notizia è importante considerare il "disorientamento" che essa provoca nel paziente o nei parenti ed è quindi fondamentale avviare il paziente e i suoi familiari verso un processo di consapevolezza che deve iniziare per piccoli passi, assicurandosi che ogni informazione venga bene compresa e assorbita prima di passare a quella successiva.

Naturalmente il linguaggio del personale sociosanitario deve essere chiaro e fornire spiegazioni semplici dei termini tecnici.

Va lasciato tempo alle domande per capire meglio le reazioni di fronte alla notizia, nonché le priorità e le preoccupazioni rispetto alle ripercussioni negative sulla vita del paziente e su quella dei familiari e per concordare meglio la strategia di intervento con il paziente.

Quali sono le domande del Coach che possono aiutare il Coachee che ha ricevuto una cattiva notizia?

Si riportano le più comuni domande utilizzate nella comunicazione delle cattive notizie:

- «Che idea si è fatto della situazione?»
- «Come ha scoperto la malattia?»
- «Come ha interpretato i primi sintomi?»
- «Che cosa pensa riguardo a quanto comunicato ora?»
- «Che cosa le è stato detto dagli altri sanitari?»

Nell'esaminare le risposte, occorre prestare molta attenzione al vocabolario che il paziente usa e al livello di comprensione e consapevolezza della malattia [De Santi, 2007].

È inoltre necessario conoscere i meccanismi di difesa che molto spesso vengono usati dai malati per difendersi dall'ansia che la cattiva notizia genera in loro (v. domanda 98).

Quali sono le raccomandazioni per il Coach nel supporto alla comunicazione delle cattive notizie?

- Usare un linguaggio adeguato, cercando di esprimersi con termini comprensibili al malato
- Verificare sempre il grado di comprensione delle informazioni fornite
- Riconoscere le emozioni abituali in queste circostanze come la negazione, la rabbia, il pianto, la paura, l'angoscia, la colpa, la rabbia, la disperazione
- Condividere le stesse emozioni del paziente
- Fare una lista delle priorità degli aspetti della malattia che interessano maggiormente il malato, cercando di supportarlo nel trovare il modo per affrontarli.

È necessario che il Coach comunichi in modo adeguato, comprensibile, empatico, considerando le emozioni in gioco e rispettando i tempi necessari al paziente per rendersi conto del proprio stato di salute che, a volte, potrebbe riguardare una malattia irreversibile. Inoltre è importante considerare che alcune informazioni potranno essere "tollerate" dal malato solo poco per volta, a piccole dosi.

Risulta quindi fondamentale rispettare i tempi di ognuno, rimandando – se necessario – ogni ulteriore informazione agli incontri successivi, durante i quali il Coach formulerà domande adeguate ponendo grande attenzione alla comprensione e alle reazioni del paziente.

Che cosa sono i meccanismi di difesa e perché il Coach deve considerarli nella comunicazione delle cattive notizie?

Evitare l'impatto negativo di una cattiva notizia è praticamente impossibile, comunque essa venga data, e ciascuno reagisce in modo personale a tale comunicazione. Le reazioni emotive, del tutto giustificate, sono una parte integrante di questo tipo di colloquio e alla persona va lasciato il tempo necessario per esprimerle ed elaborarle, rispettando eventuali silenzi e altre manifestazioni. Spesso può capitare che la cattiva notizia provochi troppa ansia nel paziente, che mette in atto i cosiddetti "meccanismi di difesa".

In base alle conoscenze psicologiche e relative alla PNL (programmazione neuro-linguistica), i meccanismi di difesa sono delle reazioni cognitive, emotive e comportamentali che ogni individuo manifesta anche in modo inconsapevole quando la situazione che deve affrontare risulta sgradevole, inusuale o intollerabile.

Quando i meccanismi di difesa sono usati in modo appropriato possono alleviare l'ansia e promuovere un senso di benessere; se usati in modo inappropriato invece possono essere dannosi e creare dei limiti al normale decorso di vita di una persona.

I principali meccanismi di difesa che intervengono nel paziente di fronte alle comunicazione delle cattive notizie sono:

- identificazione; consiste nell'attribuire a se stessi problemi o stati di salute presenti in un altro individuo (spesso un parente a cui è strettamente legato);
- razionalizzazione; meccanismo attraverso il quale l'individuo trova ragioni socialmente accettabili per la sua malattia;
- compensazione; con questo meccanismo la persona tende ad accettare o sviluppare obiettivi raggiungibili anche se meno desiderati al posto di perseguire scopi desiderati ma meno raggiungibili (quando ad esempio un paziente sopporta una forma di infermità o invalidità pensando che almeno non morirà);
- proiezione; attribuzione ad altri individui di pensieri, sentimenti o azioni che comportano ansia (può condurre a paranoia);
- negazione; processo, in genere primario e patologico, attraverso il quale vengono negati o cancellati dalla coscienza contenuti fortemente emotivi, anche espliciti, considerati intollerabili;
- rimozione; il più noto e abusato dei meccanismi di difesa, consiste nell'occultamento di pensieri o sentimenti che possono provocare angoscia, che però continuano a essere presenti nell'inconscio;
- formazione reattiva; adozione di un comportamento esasperato che costituisce l'opposto di quello che produce tensione o ansia.

In caso di cattive notizie, quali sono le manifestazioni che rappresentano resistenza?

Essere a conoscenza dei meccanismi di negazione, tipici ad esempio di malattie come il cancro (v. domanda 98), permette al Coach e all'operatore sanitario in genere di riconoscere reazioni ed emozioni che possono aiutare a comprendere meglio le capacità del malato di "impattare" la malattia.

Ogni reazione che può sembrare apparentemente non adatta alla situazione, come una risata improvvisa di fronte alla diagnosi, o reazioni bizzarre, come eccitazione o, al contrario, apatia totale o amnesia, dipendono dal fatto che il cervello cancella, nega e generalizza, per la difficoltà di affrontare la situazione.

Perché è importante per il Coach conoscere le reazioni del paziente?

In base agli studi freudiani sui meccanismi di difesa, ogni reazione, per quanto sembri non congruente con la circostanza, riguarda la risposta dell'individuo in merito alla capacità di poter fronteggiare o meno una situazione problematica, soprattutto per quanto concerne situazioni di disagio e sofferenza (v. domanda 98).

In questo senso, ogni reazione, sebbene inconsapevole per l'individuo stesso, diventa per il Coach di grande valore per una migliore comprensione del mondo del paziente e gli consente di offrirgli un più valido sostegno.

Più il rapporto tra Coach, medico, operatore e malato è di fiducia, più efficace sarà la comunicazione tra loro.

Appendice

Bibliografia

- Baile WF, Buckman R, Lenzi R, et al. (2000) SPIKES-A six step protocol for delivering bad news: application with patients with cancer. *Oncologist* 5: 302-11
- Benedetti F (2013a) Placebo and the new physiology of the doctor-patient relationship. *Physiol Rev* 93: 1207-46
- Benedetti F, Amanzio M (2011) The placebo response: how words and rituals change the patient's brain. *Patient Educ Couns* 84: 413-9
- Benedetti F, Amanzio M (2013b) Mechanisms of the placebo response. *Pulm Pharmacol Ther* 26: 520-3
- Bottacioli F (2005) Psiconeurondocrinoimmunologia. Seconda edizione. Milano: RED Edizioni
- Centers for Disease Control and Prevention (CDC). National Center for Health Statistics (2012) Healthy People 2010 Final Review. Hyattsville, MD (USA)
- De Santi A, Faliva C, Sbraga P et al. (a cura di) (2015) Heartbeat & Life Skills. Dispensa per promuovere salute, comunicare in modo efficace, gestire lo stress e imparare a risolvere i problemi. CCM Ministero della Salute, 2016. Disponibile online su http://www.heartbeat-iss.it (ultimo accesso aprile 2018)
- De Santi A, Morosini PL, Noviello S (2007) Manuale di valutazione della comunicazione in oncologia. Rapporti ISTISAN 07/38, Roma
- De Santi A, Simeoni I (2009) Il medico, il paziente e i familiari: guida alla comunicazione efficace. Torino: SEEd
- Dilts R (2003a) From Coach to Awakener. Capitola (USA): Meta Publications
- Dilts R. (2003b) Il manuale del coach. Urgnano (BG): Alessio Roberti Editore
- Dilts R (2004) Il potere delle parole e della PNL (Sleight of Mouth). Urgnano (BG): Alessio Roberti Editore
- Dilts R. (2000) Leadership e visione creativa. Come creare un mondo al quale le persone desiderino appartenere. Milano: Edizioni Angelo Guerini e Associati SpA
- Dilts R, Russell J, Deering A (2004) Coaching e leadership. Alpha leadership. Urgnano (BG): Alessio Roberti Editore
- Ekman P (2004) Emotional Reveale. New York: Owl Books
- Fielden S (2005) Literature review: coaching effectiveness – a summary, NHS Leadership Centre. London. Disponibile online su https://www.cslireland.ie/images/NHS_CDWPCoachingEffectiveness.pdf (ultimo accesso aprile 2018)
- Frances A (2013) Saving normal. An insider's revolt against out of control psychiatric diagnosis, DSM-5, Big Pharma, and the medicalization of ordinary life. New York: William Morrow & Co
- Giuffredi G (2016) L'onda del coaching. Padova: Piccin

- Goldsmith R (2000) The influence of corporate credibility on consumer attitudes and purchase intent. *Corporate Reputation Review* 3: 304-318
- Hagger MS, Chatzisarantis NL, Harris J (2006) From psychological need satisfaction to intentional behavior: testing a motivational sequence in two behavioral contexts. *Pers Soc Psychol Bull* 32: 131-48
- Hansen J, Winzeler S, Topolinski S (2010) When the death makes you smoke: a terror management perspective on the effectiveness of cigarette on-pack warnings. *Journal of Experimental Social Psychology* 46: 226-8
- Harrigan JA (2005) Proxemics, Kinesics, and gaze. In: Harrigan JA, Rosenthal R, Schere KR (eds). The new handbook of methods in nonverbal behavior research. Oxford: Oxford University Press
- Ibba R (2008) Chi sono i coach? Personale e Lavoro 505: 208
- ICF International Coach Federation. Italia Charter Chapter. Codice di Condotta ICF (Code of Ethics), 2015. http://www.coachfederation.it/codice-di-condotta-icf-code-of-ethics (ultimo accesso aprile 2018)
- ICF International Coach Federation. Italia Charter Chapter. http://www.coachfederation.it/ (ultimo accesso aprile 2018)
- ICF International Coach Federation. Italia Charter Chapter. Le 11 competenze chiave. http://www.coachfederation.it/le-11-competenze-chiave-secondo-icf/ (ultimo accesso aprile 2018)
- ISTAT. Indicatori demografici. Statistiche report. 6 marzo 2017. Disponibile online su http://www.istat.it (ultimo accesso aprile 2018)
- Kirsch I (2009) The Emperor's New Drugs: Exploding the Antidepressant Myth. Basic Book (trad. it. I farmaci antidepressivi: il crollo di un mito, Tecniche Nuove, Milano 2012)
- Koch-Weser S (2009) Medical words in clinical encoutenrs. *Health expectation* 12: 371-82
- Langewitz W, Denz M, Keller A, et al (2002) Spontaneous talking time at start of consultation in outpatient clinic: cohort study. *BMJ* 28: 682-3
- Leedham M (2005) The Coaching Scorecard: a holistic approach to evaluating the benefits of business coaching. *International Journal of Evidence Based Coaching and Mentoring* 3: 30-44. Disponibile online su http://ijebcm.brookes.ac.uk/documents/vol03issue2-paper-03.pdf (ultimo accesso aprile 2018)
- Legge 14 gennaio 2013, n. 4. Disposizioni in materia di professioni non organizzate. Gazzetta Ufficiale n. 22 del 26 gennaio 2013
- Marcum ZA, Sevick MA, Handler SM (2013) Medicationn. A diagnosis and treatable medical condition. *JAMA* 309: 2015-16
- Marvel MK, Epstein RM, Flowers K, et al (1999) Soliciting the patient's agenda: have we improved? *JAMA* 1999; 281: 283-7
- Maynard DW (1996) From paradigm to prototype and back again: Interactive aspects of cognitive processing in standardized survey interviews. In: Schwarz N, Sudman S (eds). Answering questions: methodology for determining cognitive and communicative processes in survey research. San Francisco: Jossey Bass
- Milanese R, Milanese S (2015). Il tocco, il rimedio, la parola. Milano: Ponte alle Grazie

- Milanese R, Mordazzi P (2007) Coaching strategico. Milano: Ponte alle Grazie
- Miller FG, Colloca L, Kaptchuk TJ (2009). The placebo effect: illness and interpersonal healing. *Perspect Biol Med* 52: 518-39
- Ministero dello Sviluppo Economico. Associazioni che rilasciano l'attestato di qualità e di qualificazione professionale dei servizi prestati dai soci, ai sensi della legge 4/2013. Disponibile online su http://www.sviluppoeconomico.gov.it/index.php/it/mercato-e-consumatori/professioni-non-organizzate/associazioni-che-rilasciano-attestato-di-qualita (ultimo accesso aprile 2018)
- Moja EA, Vegni E (2000) La visita medica centrata sul paziente. Milano: Raffaello Cortina Editore
- Montague E, Xu J, Chen PY, et al. (2011) Modeling eye gaze patterns in clinician patient interaction with lag sequential analysis. *Hum Factors* 53: 502-16
- Nardone G (2013) Psicotrappole. Milano: Ponte alle Grazie
- Nardone G, Balbi E (2008) Solcare il mare all'insaputa del cielo. Milano: Ponte alle Grazie
- Nardone G, Salvini A (2004) Il dialogo strategico. Milano: Ponte alle Grazie
- Nardone G, Watzlawick P (2006) Ipnosi e terapie ipnotiche. Milano: Ponte alle Grazie
- Regolamento per la certificazione UNI 11601:2015 – Servizi di coaching, rev. 0 del 2016-02-11
- Rogers A (2015) Absence and Presence-Carl Rogers in 2013. *Self & Society* 41: 33-7
- Ruusuvuori J (2004) Looking means listening: coordinating displays of engagement in doctor-patient interaction. *Soc Sci Med* 52: 1093-108
- Sabatè E (2003). World Health Organization. Adherence to long-term therapies. Evidence for action
- Sabatino P (2014) Il group coaching. Sviluppare il potenziale dei piccoli gruppi di formazione. Milano: Franco Angeli
- Seganfreddo P (2011) Il Coaching ROI: prospettiva strategica di vantaggio competitivo. Tesi di Laurea. Corso di Laurea magistrale in Marketing e Comunicazione. Università Ca' Foscari, Venezia
- Sirigatti S, Stefanile C, Nardone G. (2008) Le scoperte e le invenzioni della psicologia. Milano: Ponte alle Grazie
- Skorjanec B (2008) (a cura di) Come smettere di fumare. Milano: Ponte alle Grazie
- Tai-Seale M, McGuire TG, Zhang W (2007) Time allocation in primary care office visits. *Health Serv Res* 42: 1871-94
- Tates K, Meeuwesen L, Elbers E, et al (2002) I've come for his throat: roles and identities in doctor parent child communication. *Child Care Health Dev* 28: 109-16
- Vermeire E, Hearnshaw H, Van Royen P, et al (2001) Patient adherence to treatment: three decades of research. A comprehensive review. *J Clin Pharm Ther* 26: 331-42
- Willis J, Todorov A (2006) First impressions: making up your mind after a 100-ms exposure to a face. *Psychol Sci* 17: 592-8
- World Health Organization (WHO). World Health Statistics 2015. Geneva: WHO Press
- Zolnierek KB, Di Mattteo MR (2009) Physician communication and patient adherence to treatment: a meta-analysis. *Med Care* 47: 826-34

Autori

Anna Maria De Santi

Primo Ricercatore presso il Dipartimento di Neuroscienze dell'Istituto Superiore di Sanità, si occupa di ricerca, formazione e coordinamento di progetti riguardanti il benessere, le Life skills e la promozione della salute in tutte le fasi della vita.

Nell'ambito della comunicazione sanitaria realizza, con la collaborazione di operatori del Servizio Sanitario Nazionale, di società scientifiche e di categoria, la messa a punto di strumenti per la valutazione dell'impatto sulla qualità di vita dei pazienti e dei loro familiari.

Promuove percorsi di formazione, analisi, valutazione e implementazione di linee guida per la realizzazione di documenti di indirizzo sul benessere, sulla promozione della salute, sulla gestione dello stress lavoro-correlato e sulla comunicazione nell'ambito delle cure palliative.

Ha pubblicato con SEEd i seguenti volumi: "100 domande sulla gestione dello stress", "100 domande sulle strategie di comunicazione in sanità", "La didattica in sanità", "Comunicazione in medicina. Collaborazione tra professionisti sanitari" e "Il medico, il paziente e i familiari. Guida alla comunicazione efficace".

Grazia Geiger

Laureata in Psicologia, specializzata in Psicoterapia Cognitivo-Comportamentale, iscritta all'Ordine degli Psicologi del Lazio e perito presso il Tribunale di Roma. Ha conseguito il Master presso la Academy of Executive Coaching (Londra). È Coach PCC (Professional Certified Coach) accreditata presso l'International Coach Federation (ICF) e la ICF Italia. È co-autrice del documento "Linee Guida per lo Psicologo del Lavoro nella pratica del Coaching organizzativo" (per l'Ordine degli Psicologi del Lazio) e membro del comitato scientifico della rivista "Cultura e Dintorni". Inoltre è autrice dei volumi "Donne numero uno. Coaching al femminile in sette sessioni" e "Il linguaggio delle donne", editi da Tecniche Nuove.

Svolge attività di Coaching presso importanti aziende italiane con programmi legati al benessere, alla comunicazione, alle soft skills, oltre a coltivare un'intensa attività redazionale e letteraria. Ha partecipato a trasmissioni televisive in qualità di Coach e psicoterapeuta-opinionista ("Non solo magre" su Sky, Real Time; "Lady Burlesque" su Sky Uno; "La Posta del Cuore" su Rai 1).

Un ringraziamento a Orietta Granata e Mirella Taranto (Istituto Superiore di Sanità)